中等职业学校公共基础课程配套用书

数　学

（拓展模块一）上册

教师用书

主　编：曾善鹏　刘　静
副主编：李　婕　周少兰
参　编（排名不分先后）：
顾小妃　黄毅刚　李　婕　刘　静　刘雷雷
鲁萍萍　邵如月　沈国立　田世伟　张　莉
曾善鹏　周少兰

SHUXUE TUOZHANMOKUAI YI SHANGCE
JIAOSHI YONGSHU

北京师范大学出版集团
BEIJING NORMAL UNIVERSITY PUBLISHING GROUP
北京师范大学出版社

图书在版编目(CIP)数据

数学(拓展模块一上册)教师用书 / 曾善鹏，刘静主编. —北京：北京师范大学出版社，2023.9(2025.7 重印)

ISBN 978-7-303-26034-8

Ⅰ. ①数… Ⅱ. ①曾… ②刘… Ⅲ. ①数学课－中等专业学校－教学参考资料 Ⅳ. ①G633.603

中国国家版本馆 CIP 数据核字(2023)第 152383 号

出版发行：北京师范大学出版社 https://www.bnupg.com
北京市西城区新街口外大街 12-3 号
邮政编码：100088

印　　刷：天津盛辉印刷有限公司
经　　销：全国新华书店
开　　本：889 mm×1194 mm　1/16
印　　张：9
字　　数：186 千字
版　　次：2023 年 9 月第 1 版
印　　次：2025 年 7 月第 2 次印刷
定　　价：27.00 元

策划编辑：余娟平　林　子　　　责任编辑：余娟平
美术编辑：焦　丽　　　装帧设计：焦　丽
责任校对：陈　民　　　责任印制：赵　龙

前 言

亲爱的教师们，欢迎您使用北京师范大学出版集团编写的“十四五”职业教育国家规划教材(中等职业学校公共基础课程教材)《数学》. 该套教材包含《数学》教科书、教师用书及配套教学资源. 配套教学资源包括同步教辅《数学学习指导与能力训练》、数字化资源等内容. 本书是配套《数学(拓展模块一上册)》的教师用书，供教师教学时参考使用.

本书依据教育部印发的《中等职业学校公共基础课程方案》和《中等职业学校数学课程标准(2020 年版)》(简称《课程标准》)编写完成，落实立德树人根本任务，聚焦培养学科核心素养；按国家规划教材《数学》相应各主题、单元的教学顺序，总体设计了单元定位、教学要求、教材分析、教材教学建议、教学评价建议、教学资源拓展六个部分.

1. **单元定位**是对本单元的整体教育价值分析，重点分析了本单元教学内容的学科性质、地位作用和育人价值，帮助教师用统领观点掌握单元内容的逻辑关联，整体理解学科核心素养的培育价值.

2. **教学要求**是对本单元教学内容和要求的描述，主要包括单元的主要内容、具体要求和学时分配建议；严格依照《课程标准》和配套配教书，明确了本单元的主要教学内容及要求，并对教学实施的学时提出了参考建议.

3. **教材分析**是对本单元教材知识体系、编写思路、教学目标的分析描述，主要包括单元知识导图、教材编写思路、单元教学目标和单元重难点；从梳理单元知识导图开始，阐述教材的单元整体编写思路，准确定位单元教学目标，明确单元重点内容，预判单元难点内容，为教师编制教学设计提供参考.

4. **教材教学建议**是对本单元每个小节提供具体的教学实施建议，每个小节都包括教学准备、教学内容、教学目标、教学重难点、教学提示、课程思政设计和习题答案，体现了一个完整的单元小节教学流程. 教学建议帮助教师从分析学情开始，做好教学相关准备；细化小节教学内容，明确教学目标和重难点，把握教学过程的关键；重点提示数学核心知识的理解分析、教材处理的方式方法、核心素养的培育提升、课程思政的设计参考等内容，帮助教师以知识传授为载体，培养学生的正确价值观、关键能力和数学思想方法. 提供的习题答案可以帮助教师在教学中合理有效地选择不同层次的题目.

5. **教学评价建议**是为本单元开展学业质量评价提供标准与参考案例，主要包括学业质量要求、参考例题与说明两部分：首先是对照《课程标准》的学业质量要求，准确理解考核评价标准；其次是给出具体评价案例题目，说明考核知识要点、学科核心素养和学业水平层次，帮助教师在具体教学中把握难度与质量水平.

6. **教学资源拓展**是给本单元的教学提供具体案例和各种拓展资源，主要包括教学案例、文献资源参考和职教高考真题展示. 提供一个具体的教学案例，能帮助教师理解教材，落实课堂教学. 文献资源参考提供了与本单元主题相关的、具有较高学术价值的、能够指导实际教学的文献资源，丰富教师的教学素材. 职教高考真题展示是帮助教师准确把握数学职教高考的命题方向和动态，通过职教高考真题及其解答的展示，让教师感受高考真题表述的严谨性以及命题的多样性，引导教师学会用既严谨又发散的思维去编制试题和评价学生.

本册教师用书由曾善鹏(浙江师范大学教育学院、杭州市电子信息职业学校)和刘静(北京市西城区教育学院)担任主编，李婕(北京市商业学校)和周少兰(杭州市电子信息职业学校)担任副主编. 本书撰写分工如下：第一单元由刘静编写；第二单元由顾小妃(重庆市北碚职业教育中心)、刘雷雷(重庆市北碚职业教育中心)编写；第三单元由邵如月(杭州市电子信息职业学校)、曾善鹏编写；第四单元由鲁萍萍(杭州市电子信息职业学校)、黄毅刚(广州市旅游商务职业学校)编写；第五单元由李婕、田世伟(北京市商业学校)编写；第六单元由周少兰、曾善鹏编写. 沈国立(杭州市萧山区第一中等职业学校)和张莉(淄博市周村区第二中学)对各地的职教高考真题进行了梳理，李婕、周少兰对全书进行了审稿，曾善鹏、刘静对全书进行了统稿、定稿.

《数学(拓展模块一上册)》主要包含充要条件、三角计算、数列、平面向量、圆锥曲线、立体几何共六个单元，建议总学时为71学时，各单元教学学时大致分配如下表(仅供参考).

单元	主要内容	建议学时
第一单元	充要条件	4 学时
第二单元	三角计算	17 学时
第三单元	数列	11 学时
第四单元	平面向量	12 学时
第五单元	圆锥曲线	13 学时
第六单元	立体几何	14 学时

本书在编写过程中得到有关高校教授、职业教育领域专家和学校骨干教师的帮助指导，在此表示衷心感谢. 由于编写团队能力有限，本书难免存在不足之处，恳请各位读者提出宝贵修改意见(请发至邮箱 yjp@bnupg. com).

2023 年 6 月

目 录

第一单元 充要条件(简易逻辑) …… 1
一、单元定位 …… 1
二、教学要求 …… 1
三、教材分析 …… 1
四、教材教学建议 …… 2
1.1 命题及简单的逻辑联结词 …… 2
1.2 四种命题 …… 5
1.3 充分条件与必要条件 …… 6
五、教学评价建议 …… 9
六、教学资源拓展 …… 10

第二单元 三角计算 …… 14
一、单元定位 …… 14
二、教学要求 …… 14
三、教材分析 …… 15
四、教材教学建议 …… 16
2.1 和角公式 …… 16
2.2 倍角公式 …… 20
2.3 正弦型函数 …… 23
2.4 解三角形 …… 26
2.5 三角计算应用举例 …… 30
五、教学评价建议 …… 35
六、教学资源拓展 …… 36

第三单元 数列 …… 44
一、单元定位 …… 44
二、教学要求 …… 44
三、教材分析 …… 45
四、教材教学建议 …… 46
3.1 数列的概念 …… 46
3.2 等差数列 …… 48
3.3 等比数列 …… 50

3.4 数列的实际应用举例 …… 53
五、教学评价建议 …… 56
六、教学资源拓展 …… 57

第四单元 平面向量 …… 65
一、单元定位 …… 65
二、教学要求 …… 65
三、教材分析 …… 66
四、教材教学建议 …… 67
4.1 平面向量的概念 …… 67
4.2 平面向量的线性运算 …… 69
4.3 平面向量的直角坐标系 …… 72
4.4 平面向量的内积 …… 74
五、教学评价建议 …… 79
六、教学资源拓展 …… 80

第五单元 圆锥曲线 …… 85
一、单元定位 …… 85
二、教学要求 …… 85
三、教材分析 …… 85
四、教材教学建议 …… 86
5.1 椭圆 …… 86
5.2 双曲线 …… 90
5.3 抛物线 …… 94
五、教学评价建议 …… 98
六、教学资源拓展 …… 100

第六单元 立体几何 …… 108
一、单元定位 …… 108
二、教学要求 …… 108
三、教材分析 …… 109
四、教材教学建议 …… 110
6.1 平面的基本性质 …… 110
6.2 直线与直线的位置关系 …… 113
6.3 直线与平面的位置关系 …… 115
6.4 平面与平面的位置关系 …… 119
五、教学评价建议 …… 125
六、教学资源拓展 …… 127

第一单元　充要条件(简易逻辑)

一、单元定位

数学是一门逻辑性很强的学科，简易逻辑主要讨论命题与命题之间、命题的条件与结论之间的逻辑关系，要求学生了解充分条件、必要条件、充要条件的概念，了解命题中条件与结论的关系，深化学生对命题的理解，为数学推理的学习打下基础，是发展学生逻辑推理和数学抽象等核心素养的重要载体. 教师应以前期学过的数学内容为载体，从条件命题的真假入手，帮助学生体会充分条件、必要条件和充要条件.

二、教学要求

本单元内容包含命题及简单的逻辑联结词、四种命题、充分条件与必要条件，完成教学约需 4 学时，具体要求和学时分配建议见表 1-1.

表 1-1　第一单元具体要求和学时分配建议

主要内容	具体要求	学时分配
1.1 命题及简单的逻辑联结词	了解命题的定义，了解逻辑联结词“或”“且”“非”的含义，会判断命题的真假	1 学时
1.2 四种命题	了解四种命题的定义以及它们之间的关系	1 学时
1.3 充分条件与必要条件	了解充分条件、必要条件、充要条件的概念，了解命题中条件与结论的关系	1 学时
灵活安排	复习与小结	1 学时
合计		4 学时

三、教材分析

(一)单元知识导图(图 1-1)

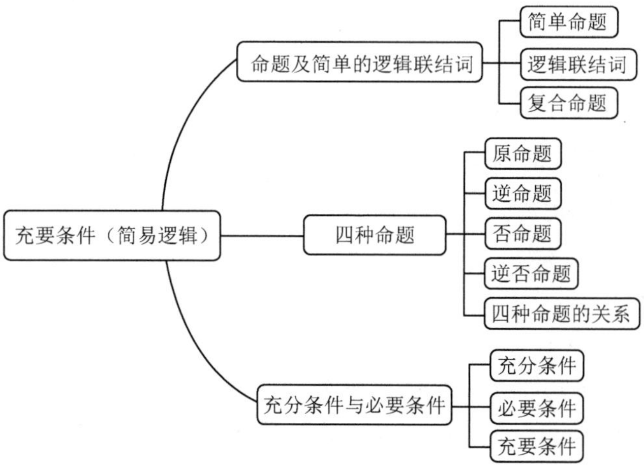

图 1-1　第一单元知识导图

(二)教材编写思路

本单元的整体编写力求在符合《课程标准》要求的前提下，满足中职学生的学习需求，符合学生的认知规律. 数学中蕴含着大量的推理和论证，其中数学命题和推理是进行数学逻辑推理的基础，也是发展学生逻辑推理素养的基础. 本单元的核心内容是充分条件、必要条件和充要条件. 为便于学生更好地理解充分条件、必要条件和充要条件，教材从逻辑推理最基本的概念(命题、真命题、假命题)入手，在理解逻辑联结词“或”“且”“非”的基础上，能够将复合命题改写成简单命题. 在充分理解命题基本结构的基础上，掌握充分条件、必要条件和充要条件的判断. 值得注意的是，为了使学生更好地理解简易逻辑中的相关概念，教材尽可能选用义务教育阶段比较典型的命题，避免偏难的命题妨碍学生对基本概念的理解和掌握.

在“数学园地”栏目中，“罗素悖论”的介绍可以促进学生对推理和逻辑的理解，拓宽学生的视野. “单元小结”中的学习导图和学习指导使师生更快捷地获得本单元的核心内容. 最后的单元检测通过两个水平的检测题，评价学生的学业质量.

(三)单元教学目标

知识目标：了解命题的定义，逻辑联结词“或”“且”“非”的含义，四种命题的定义以及它们之间的关系，充分条件、必要条件、充要条件的概念，命题中条件与结论的关系.

能力目标：能够判断一个语句是否是命题；能够将复合命题改写成简单命题；能够写出一个命题的逆命题、否命题、逆否命题；会判断四种命题的真假；能够判断充分条件、必要条件和充要条件.

素养目标：在讨论、合作、表达的过程中，发展逻辑推理素养；在概念的形成过程中，逐步发展产生的数学抽象素养，培养思维的严谨性.

(四)单元重难点

重点：充分条件、必要条件、充要条件的判断；

难点：四种命题的真假判断.

四、教材教学建议

1.1　命题及简单的逻辑联结词

(一)教学准备

1. 知识准备：教师授课前，学生应储备义务教育阶段的相关代数、几何知识，如一元二次方程有无实数解的判断、三角形全等的判定定理、特殊平行四边形的性质和判定定理等.

2. 案例素材：孔子等中华优秀人物生平事迹的图片素材或视频素材；包含义务教育阶段基本命题、定理的PPT.

(二)教学内容

本节的主要教学内容是命题的定义及命题真假的判断；了解基本的逻辑联结词“或”“且”“非”；能够指出复合命题的构成形式及构成复合命题的简单命题.

(三)教学目标

知识目标：了解命题的定义；了解简单的逻辑联结词“或”“且”“非”；了解复合命题的构成形式.
能力目标：能判断给定语句是否为命题；能判断命题的真假；能够将复合命题改写成简单命题.
素养目标：在观察和思考中，发展逻辑推理素养；在概念的形成过程中，发展数学抽象素养.

(四)教学重难点

重点：命题真假的判断；
难点：复合命题的构成形式.

(五)教学提示

序号	教学提示
1	教师可以不限于教材中所给出的例子，使用贴近学生社会生活、学习生活的常用语句，分析语句特点，概括得出命题定义，接着请学生举出更多的例子，理解命题的概念，发展学生的数学抽象素养.
2	判断真命题、假命题的过程需要大量借助学生的已有知识，有时也需要举出相应的反例，这个过程是发展学生逻辑推理素养的良机，教师要关注学生思维的严谨性，在学生说理的过程中，逐步发展他们的逻辑推理素养.
3	理解“或”“且”“非”的含义需要结合实例进行，并能指出复合命题的构成形式及构成它的简单命题. 将命题改写成含有逻辑联结词的简单命题的关键是要把握语句所表达的逻辑关系.

(六)课程思政设计

1. 在教学命题的定义和命题真假判断的过程中，可以列举与北京冬奥会、中国航天等相关的语句，引导学生判断是否是命题或判断命题的真假. 例如：“中国是第一次举办冬季奥运会吗?”“‘嫦娥二号’卫星于2010年10月1日18时59分57秒在西昌卫星发射中心发射”，渗透爱国主义教育，增强学生的文化自信.

2. 在教学逻辑联结词的理解以及复合命题分析的过程中，可以列举我国古代优秀人物的素材案例，在学生理解数学概念的过程中渗透文化自信教育和中国优秀传统文化教育. 例如：“孔子既是教育家又是文学家”.

(七)习题答案

随堂练习

(1)是命题，真命题.
(2)是命题，真命题.
(3)不是命题.
(4)是命题，假命题.
(5)是命题，假命题.

随堂练习

(1)这个命题是 p 且 q 的形式，其中

p：矩形的对角线相等，

q：矩形的对角线互相平分.

(2)这个命题是 p 或 q 的形式，其中

p：正数的平方根是实数，

q：0 的平方根是实数.

(3)这个命题是非 p 的形式，其中

p：2 是质数.

习题 1.1

水平一

1.(1)是命题，真命题.

(2)是命题，真命题.

(3)是命题，假命题.

(4)是命题，真命题.

2.(1)这个命题是 p 且 q 的形式，其中

p：2 是偶数，

q：2 是质数.

(2)这个命题是 p 或 q 的形式，其中

p：$2<5$，

q：$2=5$.

(3)这个命题是 p 或 q 的形式，其中

p：20 是 5 的倍数，

q：5 是 5 的倍数.

(4)这个命题是非 p 的形式，其中

p：平行线相交.

水平二

1.(1)真命题.

(2)真命题.

(3)假命题.

2.(1)p 或 q：2 是偶数或质数，是真命题.

p 且 q：2 既是偶数又是质数，真命题.

非 p：2 不是偶数，假命题.

(2)p 或 q：$2+2=5$ 或 $3>2$，真命题.

p 且 q：$2+2=5$ 且 $3>2$，假命题.

非 p：$2+2\neq5$，真命题.

1.2　四种命题

(一)教学准备

1. 知识准备：教师授课前，学生应储备义务教育阶段命题的概念.
2. 案例素材：供学生课堂使用的学案，设计闯关游戏，用命题真假的判断作为闯关的条件.

(二)教学内容

了解命题的一般形式，能够准确地判断命题的条件和结论；了解互逆命题、逆命题、互否命题、否命题、逆否命题的定义，初步了解一个命题的真假与其他三个命题的真假的关系.

(三)教学目标

知识目标：识记和理解四种命题的概念；能熟练运用原命题写出其他三种命题形式；掌握一个命题的真假与其他三个命题真假之间的关系.

能力目标：会写原命题的逆命题、否命题以及逆否命题，并能判断它们真假之间的关系；能分清命题的条件和结论.

素养目标：通过观察抽象概括出命题一般形式的过程，可以发展学生的数学抽象素养；在举例探究四种命题真假性关系的过程中，开发学生发现问题、解决问题的能力，培养学生的逻辑推理能力.

(四)教学重难点

教学重点：理解原命题、逆命题、否命题和逆否命题的定义；

教学难点：探究四种命题真假之间的规律.

(五)教学提示

序号	教学提示
1	在探索“命题”特征的过程中，教师不仅可以举数学知识中的例子，也可以举生活中的例子，师生也可以共同举例探索问题或验证结论.
2	教材中的“合作交流”活动，要求学生讨论四个命题之间的关系时，应先让学生独立思考后再进行互动和交流，鼓励学生条理清晰地表述自己的发现，并尝试使用自己的语言为四种命题下定义，发展学生的合作能力和语言表达能力.
3	在探索原命题真假与其他三种命题真假关系的过程中，让学生通过特殊情况提出猜想，用更多命题验证结论的可靠性，并总结概括出一般性结论的完整过程，发展学生的探究能力.

(六)课程思政设计

尽管教材中使用的命题多为数学中的命题，为了增加学习的趣味性，更好地发挥学科的育人功能，教师也可以引导学生举出贴近社会生活和时事政治方面的命题. 例如：“没有共产党就没有新中国”，这个命题的条件和结论分别是什么？它的逆命题、否命题和逆否命题分别是什么？在理解数学概念的过程中厚植爱党爱国的情操.

(七)习题答案

随堂练习

(1)逆命题：若 $ac^2>bc^2$，则 $a>b$；真命题.

否命题：若 $a\leqslant b$，则 $ac^2\leqslant bc^2$；真命题.

逆否命题：若 $ac^2\leqslant bc^2$，则 $a\leqslant b$；假命题.

(2)逆命题：若两个三角形相似，则它们全等；假命题.

否命题：若两个三角形不全等，则它们不相似；假命题.

逆否命题：若两个三角形不相似，则它们不全等；真命题.

(3)逆命题：若 x，y 全为0，则 $x^2+y^2=0$；真命题.

否命题：若 $x^2+y^2\neq0$，则 x，y 不全为0；真命题.

逆否命题：若 x，y 不全为0，则 $x^2+y^2\neq0$；真命题.

习题 1.2

水平一

1.(1)若一个数是实数，则它的平方是非负数.

(2)若平行四边形的对角线相等，则这个平行四边形是矩形.

2.(1)逆命题：平行四边形的对角线相等.

否命题：对角线不相等的四边形不是平行四边形.

逆否命题：若一个四边形不是平行四边形，则其对角线不相等.

(2)逆命题：如果两个三角形全等，那么这两个三角形的三条边分别对应相等.

否命题：三条边不对应相等的两个三角形不全等.

逆否命题：如果两个三角形不全等，那么这两个三角形的三条边不对应相等.

水平二

(1)原命题是真命题. 逆命题是“如果两个三角形全等，那么这两个三角形有两个角和其中一个角所对的边分别相等”，逆命题也是真命题.

(2)原命题是真命题. 逆命题是“如果两个三角形的周长相等，那么这两个三角形全等”，逆命题是假命题.

(3)原命题是假命题. 逆命题是“如果 $ac<0$，那么一元二次方程 $ax^2+bx+c=0$ 有两个不相等的实数根”，逆命题是真命题.

1.3 充分条件与必要条件

(一)教学准备

明确学生学习的难点和可能存在的困难，例如，理解为何 $p\Rightarrow q$，就把 q 叫作 p 的必要条件. 准备两个生活中描述“充分条件”和“必要条件”的实例.

(二)教学内容

充要条件是中职数学的重要概念，也是本单元的重点内容. 要求学生了解充分条件、必要条件和充要条件的定义，并能够进行准确的判断. 判断命题的条件和结论之间的关系时，首先分清条件是什么，结论是什么，然后尝试用条件推结论，再尝试用结论推条件，最后指出条件是结论的什么关系. 能够结合生活常识、数学知识或其他学科知识判断充分条件、必要条件和充要条件. 在推理的过程中，可以通过反证法或举反例等常见的形式进行推理.

(三)教学目标

知识目标：了解充分条件、必要条件和充要条件的概念，了解命题中条件与结论的关系.

能力目标：能正确判断充分条件、必要条件与充要条件，会判断命题条件与结论之间的关系.

素养目标：在观察、分析、抽象、概括的过程中，发展逻辑推理素养和数学抽象素养.

(四)教学重难点

教学重点：充分条件、必要条件和充要条件的判断；

教学难点：必要条件和充要条件的概念.

(五)教学提示

序号	教学提示
1	深化对命题的理解，需要教师讲透充要条件这一基本的数学概念，教师可以列举生活中的命题案例，从学生熟悉的命题入手，引导学生列举已学过的定义、定理，剖析命题的条件和结论，最后抽象出相关数学概念.
2	在进行授课时，不能追求一步到位，随着学习的深入和案例的丰富，逐步发展学生的逻辑推理素养，增强思维的缜密性.
3	关注所选命题的多样性和典型性，能够包含数学知识的命题，也能够找到包含生活元素的命题，既有代数命题也有几何命题.
4	充分条件和必要条件是密不可分的两个概念，也是理解充要条件的基础，教师可以通过设计问题引导学生举例，在观察、讨论、分析、抽象概括的过程中，逐步体会概念的生成过程，潜移默化地提升逻辑推理素养.
5	教学中可以结合维恩图，使学生直观、形象地理解充要条件中条件与结论的等价性，全面理解充要条件.

(六)课程思政设计

单元序言使用了考驾驶证的例子来说明充分条件、必要条件，实际教学中可以使用此案例来引入教学，利用学生熟悉的实际案例，帮助学生理解抽象的数学概念；还可以借助一些励志名言，例如，一位名人曾说过：天才是百分之一的灵感加上百分之九十九的汗水. 教师可以引导学生分析灵感、努力和天才之间的关系，借助生活中易于理解的实例，在帮助学生理解充分条件、必要条件和充要条件的同时，帮助学生形成正确的价值观.

(七)习题答案

随堂练习

(1)充要条件.

(2)充要条件.

(3)充分条件.

(4)必要条件.

(5)充分条件.

(6)既不充分也不必要条件.

习题 1.3

水平一

1.(1)$\Rightarrow$.

(2)$\nRightarrow$.

(3)$\Rightarrow$

(4)$\nRightarrow$.

2.(1)p 是 q 的充分条件.

(2)p 是 q 的充要条件.

(3)既不充分也不必要条件.

水平二

1.(1)必要不充分条件.

(2)必要不充分条件.

2. 答案不唯一，如“两个角对应相等”“三条边对应成比例”或“两条边对应成比例，且夹角相等”.

单元检测

水平一

1.(1)不是命题.

(2)是命题，真命题.

(3)是命题，假命题.

(4)不是命题.

(5)是命题，真命题.

2. 两个命题互为否命题，s 是真命题，t 是假命题.

3.(1)必要不充分条件.

(2)充分不必要条件.

(3)必要不充分条件.

(4)既不充分也不必要条件.

4. 在$\triangle ABC$ 中，$\angle B=\angle C\Rightarrow AC=AB$，但是不能判断 AC 与 BC 是否相等. 另一方面，$AC=BC\Rightarrow\angle B=\angle A$，并不能判断$\angle B$ 与$\angle C$ 是否相等. 所以$\angle B=\angle C$ 是 $AC=BC$ 的既不充分也不必要条件.

水平二

1.(1)必要不充分条件.(2)充分不必要条件.(3)充要条件.(4)既不充分也不必要条件.

2.证明：

当 $a=b$ 时，$a^2+b^2-2ab=(a-b)^2=0$，即 $a^2+b^2=2ab$.

当 $a^2+b^2=2ab$ 时，$(a-b)^2=a^2-2ab+b^2=0$，所以 $a-b=0$，即 $a=b$.

由上可知：$a=b\Rightarrow a^2+b^2=2ab$，同时 $a^2+b^2=2ab\Rightarrow a=b$.

因此，$a=b$ 是 $a^2+b^2=2ab$ 的充要条件.

五、教学评价建议

(一)学业质量要求

根据《课程标准》的要求，本单元课程内容学业质量要求见表1-2.

表1-2　第一单元学业质量要求

课程内容	质量描述	
	水平一	水平二
充要条件	在熟悉的单一情境中： 通过条件与结论间的关系，知道条件与结论之间的充分性和必要性	在熟悉的关联情境中： 1.达到水平一的要求； 2.能感知用充分、必要条件进行逻辑推理的过程

(二)参考例题与说明

例1　判断下列命题的真假.

(1)“$ac^2>bc^2$”是“$a>b(c\neq0)$”的充要条件.

(2)“$x-2=0$”是“$x^2-4=0$”的充要条件.

(3)$x>0$，$y\in\mathbf{R}$，则“$x>y$”是“$x>|y|$”的必要不充分条件.

分析　(1)由 $ac^2>bc^2$ 可知 $c\neq0$. 则 $c^2>0$，根据不等式的性质，不等式两边同时乘$\frac{1}{c^2}$，得 $a>b$；由 $a>b(c\neq0)$，根据不等式的性质，不等式两边同时乘 $c^2(c^2>0)$，得 $ac^2>bc^2$. 故“$ac^2>bc^2$”是“$a>b(c\neq0)$”的充要条件.

(2)由 $x-2=0$ 得 $x=2$，则 $x^2-4=0$ 成立；由 $x^2-4=0$，得 $x=\pm2$，当 $x=-2$ 时，$x-2\neq0$，故“$x-2=0$”是“$x^2-4=0$”的充分条件.

(3)当 $x=1$，$y=-3$ 时，$x>y$，但 $1<|-3|$，即由“$x>y$”推不出 $x>|y|$；由 $x>|y|$ 能推出 $x>y$，所以“$x>y$”是“$x>|y|$”的必要不充分条件.

解　(1)真命题.(2)假命题.(3)真命题.

说明：本题所涉及的知识主要是不等式和方程，是学生所熟悉的情境，学生需要先分清条件和结论；用条件推结论，命题是否能写成 $p\Rightarrow q$ 的形式，再用结论推条件，命题能否写成 $q\Rightarrow p$ 的形式，依据定义判断，属于水平一的要求.

例2　根据电路图(图1-2)判断开关 A 闭合是灯泡 B 亮的什么条件?

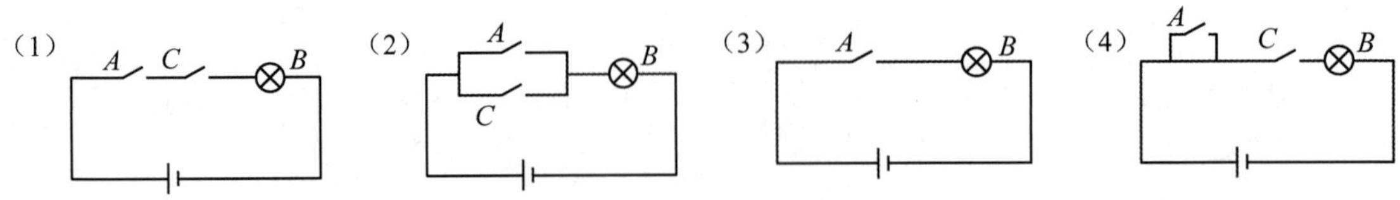

图 1-2

解　结合相关物理知识，可知：

(1)必要不充分条件．(2)充分不必要条件．(3)充要条件．(4)既不充分也不必要条件．

说明：该题是学生不熟悉的跨学科情境，学生需要借助相关物理知识，结合数学概念的定义进行判断，属于水平二的要求．

例 3　$ab\neq 0$，求证：$a+b=1$ 的充要条件是 $a^3+b^3+ab-a^2-b^2=0$．

分析　证明充要条件，即证明既是充分条件又是必要条件．

证明　先证必要性．因为 $a+b=1$，即 $b=1-a$，

所以 $a^3+b^3+ab-a^2-b^2=a^3+(1-a)^3+a(1-a)-a^2-(1-a)^2=a^3+1-3a+3a^2-a^3+a-a^2-a^2-1+2a-a^2=0$

因此必要性成立．

再证充分性．因为 $a^3+b^3+ab-a^2-b^2=0$，

也就是 $(a+b)(a^2-ab+b^2)-(a^2-ab+b^2)=0$，

即 $(a+b-1)(a^2-ab+b^2)=0$．

因为 $ab\neq 0$，所以 $a\neq 0$ 且 $b\neq 0$，因此 $a^2-ab+b^2\neq 0$，

所以 $a+b-1=0$，即 $a+b=1$，

充分性也成立．

因此当 $ab\neq 0$ 时，$a+b=1$ 的充要条件是 $a^3+b^3+ab-a^2-b^2=0$．

说明：本题难度较大，比标准中“能感知用充分、必要条件进行逻辑推理的过程”的要求还要高，本题要求学生不仅仅是“感知”，还需要综合运用已有知识进行证明，比水平二的要求要高，教师可根据学生的实际水平有选择性地设计相关题目．

六、教学资源拓展

(一)教学案例

1．授课题目：充要条件

2．授课班级：高二年级某班

3．教学目标

(1)知识目标：了解充分条件、必要条件和充要条件的概念，命题中条件与结论的关系．

(2)能力目标：能正确判断充分条件、必要条件和充要条件，会判断命题条件与结论之间的关系．

(3)素养目标：在观察、分析、抽象、概括的过程中，发展学生的逻辑推理素养和数学抽象素养．

4．教学重难点

重点：充分条件、必要条件和充要条件的判断．

难点：必要条件和充要条件的概念．

5. 教学过程

教学环节		教学内容	师生活动	设计意图
课前准备 自主学习		1. 复习前两节课的内容. 2. 梳理前面设计的典型命题	学生自主复习和梳理	为本节课的学习奠定知识基础
课中	环节一： 问题引入 (5 分钟)	命题：1%的灵感加上 99%的汗水才能成为天才. 1. 请思考：这个命题的条件和结论分别是什么？ 2. 请尝试举出类似的命题	(1)教师：把 1%的灵感和 99%的汗水作为成为天才的充分条件，把“成为天才”作为“1%的灵感加上 99%的汗水”的必要条件. (2)学生：初步感悟条件与结论之间的关系，尝试举出生活中的例子	从学生熟悉的语句出发，分析它的结构，可以激发学生的课堂兴趣，吸引他们的注意力
		通过分析所举例子中条件和结论的关系，提出以下任务：尝试给充分条件、必要条件下定义	(3)学生：先独立思考再小组合作，在理解条件和结论关系的前提下，定义条件和结论之间的逻辑关系	在前面例子的铺垫下，引导学生尝试给出定义
	环节二： 概念形成 (8 分钟)	定义：如果已知 $p \Rightarrow q$，我们称 p 是 q 的**充分条件**，q 是 p 的**必要条件**；如果既有 $p \Rightarrow q$，又有 $q \Rightarrow p$，此时 p 既是 q 的充分条件，也是 q 的必要条件，我们说 p 是 q 的**充分必要条件**，简称**充要条件**，记作 $p \Leftrightarrow q$. 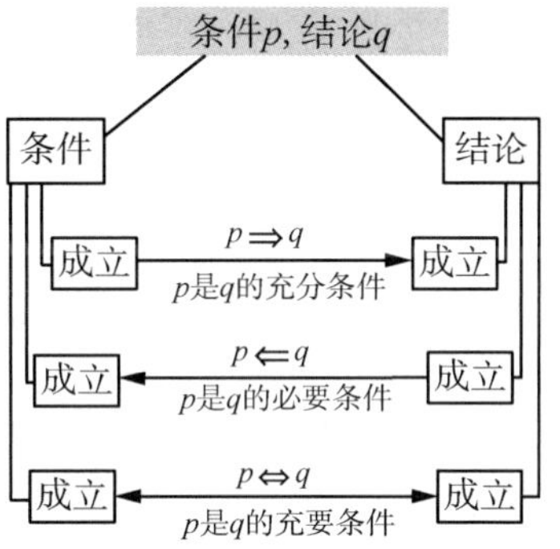	(4)师生：共同归纳得出充分条件、必要条件和充要条件的定义. (5)教师：板书充要条件关系图，并再次解读概念	师生共同活动有助于调动学生的课堂积极性，也体现了以学生为主体的教学理念. 采用关系图，让学生直观地理解充分条件和必要条件的区别
	环节三： 牛刀小试 (15 分钟)	**例 1**　判断下列各组中 p 是 q 的什么条件. (1)p：三角形三条边相等；q：三角形三个角相等. (2)p：$a^2=4$；q：$a=2$. (3)p：四边形的两组对角分别相等；q：这个四边形是平行四边形. 练习 1　指出下列各组中 p 与 q 的关系. (1)p：$x>3$；q：$x>5$. (2)p：$x=2$；q：$(x-2)(x+5)=0$. (3)p：$-6x>3$；q：$x<-\frac{1}{2}$. **例 2**　分别列举符合以下条件的例子. (1)p 是 q 的充分不必要条件. (2)p 是 q 的必要不充分条件. (3)p 是 q 的充要条件	(6)教师：讲解例题并总结判断充要条件的关键，指导学生完成练习. (7)学生：在学案上完成练习. (8)学生：小组合作，举出例 2 三个条件下的生活实例或数学案例. (9)教师：请各组代表举例并进行点评	例 1 是给出命题要求学生判断是什么条件；例 2 是给出条件，让学生构造命题或举例说明. 通过双向的练习，巩固学生对充分条件、必要条件和充要条件的理解. 小组合作形式特别适合职业学校学生，成员之间可以互通有无，分享各自成果，最后形成一个完美的答案

续表

教学环节		教学内容	师生活动	设计意图
课中	环节四：拓展提升（8 分钟）	**例 3**　p 是 q 的充分条件，r 是 q 的必要条件，则 p 是 r 的什么条件？ 练习 2　已知 p 是 q 的充分条件，r 是 q 的必要条件，s 是 r 的必要条件，那么 s 是 p 的什么条件？p 是 s 的什么条件？	(10)学生：尝试解答例 3. (11)教师：提醒使用符号“$\Rightarrow$”，并给出答案	培养学生独立思考、分析和解决问题的能力
	环节五：课堂小结（4 分钟）	从知识和生活两个角度谈谈本节课的收获	(12)学生：表达学习收获. 教师：点评和归纳学生的收获	在小结环节，让学生谈本节课的收获，可以培养学生的表达能力，也让教师了解课堂教学目标达成情况
课后作业		必做：《数学(拓展模块一上册)学习指导与能力训练》基础训练 选做：《数学(拓展模块一上册)学习指导与能力训练》提高训练	(13)学生根据自身水平完成作业	分层作业设计可以让每一位学生收获不同层次的作业成就感，激发他们学习的自信心

(二)文献资源参考

1. 参考文献

[1]杨元韡. 对隐含关系的挖掘与反思——例析近年江苏高考对充分条件与必要条件的深度考查[J]. 数学通讯，2019(06)：24－28.

[2]史宁中. 试论数学推理过程的逻辑性——兼论什么是有逻辑的推理[J]. 数学教育学报，2016，25(04)：1－16，46.

[3]李杰民. 简易逻辑教学困惑对高师数理逻辑教学的启示[J]. 数学教育学报，2015，24(04)：51－52＋56.

[4]周龙虎，刘师妤. 充分条件、必要条件在高中数学学习中的作用和意义初探[J]. 数学通讯，2015(08)：24－27.

[5]孙春生. 借问错因何处生　虑者明指等价性——例析运用充分条件与必要条件的错解错因[J]. 数学通报，2011，50(07)：37－38.

[6]房元霞，宋宝和. 高中数学简易逻辑中几个概念的辨析及教学建议[J]. 数学教育学报，2006(04)：86－89.

[7]张凤英，刘瑞芬. 关于“简易逻辑”的几点认识[J]. 数学通报，2003(08)：12－13.

[8]陈咸平. 充分、必要条件运用两例[J]. 数学教学，2003(02)：40－41.

[9]袁桐. 对“集合与简易逻辑”的认识——新大纲、新教材学习体会[J]. 数学通报，2001(09)：30－31＋29.

[10]王静. 集合模型巧解充要条件[J]. 数学教学，1999(04)：25－26.

[11]戴佳珉. 关于增加“简易逻辑”的一些思考[J]. 课程·教材·教法，1998(02)：24，28.

[12]邓钧方. 充分条件与必要条件的集合判定法[J]. 数学通报，1997(11)：24－25.

2. 参考数字化资源网站

(1)国家智慧教育平台.

(2)网络画板官网.

(三)职教高考真题展示

1.(2014 浙江)“$a+b=0$”是“$a\cdot b=0$”的(　　).

A. 充分不必要条件　　B. 必要不充分条件

C. 充要条件　　D. 既也不充分也不必要条件

2.(2015 浙江)命题甲“$a<b$”是命题乙“$a-b<0$”成立的(　　).

A. 充分不必要条件　　B. 必要不充分条件

C. 充要条件　　D. 既不充分也不必要条件

3.(2016 浙江)命题甲“$\sin\alpha=1$”是命题乙“$\cos\alpha=0$”的(　　).

A. 充分不必要条件　　B. 必要不充分条件

C. 充要条件　　D. 既不充分也不必要条件

4.(2017 浙江)命题 p：$a=1$，命题 q：$(a-1)^2=0$，p 是 q 的(　　).

A. 充要条件　　B. 必要不充分条件

C. 充分不必要条件　　D. 既不充分也不必要条件

5.(2018 浙江)命题 p：$\alpha=0$ 是命题 q：$\sin\alpha=0$ 的(　　).

A. 充分不必要条件　　B. 必要不充分条件

C. 充要条件　　D. 既不充分也不必要条件

6.(2019 浙江)“$2019^{k^2-1}=1$”是“$k=1$”的(　　).

A. 充分不必要条件　　B. 必要不充分条件

C. 充要条件　　D. 既不充分也不必要条件

7.(2020 浙江)“$\alpha=45°$”是“$\sin\alpha=\frac{\sqrt{2}}{2}$”的(　　).

A. 充要条件　　B. 充分不必要条件

C. 必要不充分条件　　D. 既不充分也不必要条件

8.(2021 浙江)已知 a，b 为实数，则“$a^3-b^3=0$”是“$a=b$”的(　　).

A. 充分不必要条件　　B. 必要不充分条件

C. 充要条件　　D. 既不充分也不必要条件

9.(2022 浙江)“$x^2>1$”是“$x>0$”的(　　).

A. 充要条件　　B. 充分不必要条件

C. 必要不充分条件　　D. 既不充分也不必要条件

10.(2023 广东)“$x=2$”是“$x(x-2)=0$”的(　　).

A. 充要条件　　B. 必要不充分条件

C. 充分不必要条件　　D. 既不充分也不必要条件

参考答案

1. D.　2. C.　3. A.　4. A.　5. A.　6. B.　7. B.　8. C.　9. D.　10. C.

第二单元　三角计算

一、单元定位

三角计算是基础模块中三角函数的延伸和拓展. 本单元主要介绍两角和与两角差的余弦公式、正弦公式、正切公式、二倍角公式、正弦型函数、正弦定理和余弦定理及其实际应用举例，使学生通过化简与求值的学习过程，理解三角公式；结合正弦型函数的图像，帮助学生运用代数运算的方法研究正弦型函数的最大(小)值、周期性、单调性等性质. 教师应注重学生数学应用意识的培养，可以借助计算工具完成复杂的三角计算，解决实际问题；培养和提升学生的数学运算、直观想象、逻辑推理和数学建模等核心素养.

二、教学要求

本单元内容包含和角公式、倍角公式、正弦型函数、解三角形和三角计算应用举例. 完成教学约需 17 学时，具体要求和学时分配建议见表 2-1.

表 2-1　第二单元具体要求和学时分配建议

主要内容	具体要求	学时分配
2.1 和角公式	了解和角公式的推导过程；理解两角和与两角差的正弦公式、余弦公式和正切公式在求值、化简及证明等方面的应用	4 学时
2.2 倍角公式	理解二倍角的正弦公式、余弦公式和正切公式的推导过程及在求值、化简与证明等方面的应用	3 学时
2.3 正弦型函数	了解正弦型函数与正弦函数之间的关系；初步掌握在一个周期上画正弦型函数简图的“五点法”；理解正弦型函数的图像和性质	4 学时
2.4 解三角形	初步掌握用正弦定理和余弦定理解三角形的方法	4 学时
2.5 三角计算应用举例	初步掌握用三角计算解决实际问题的方法	1 学时
灵活安排	复习与小结	1 学时
合计		17 学时

三、教材分析

(一)单元知识导图(图 2-1)

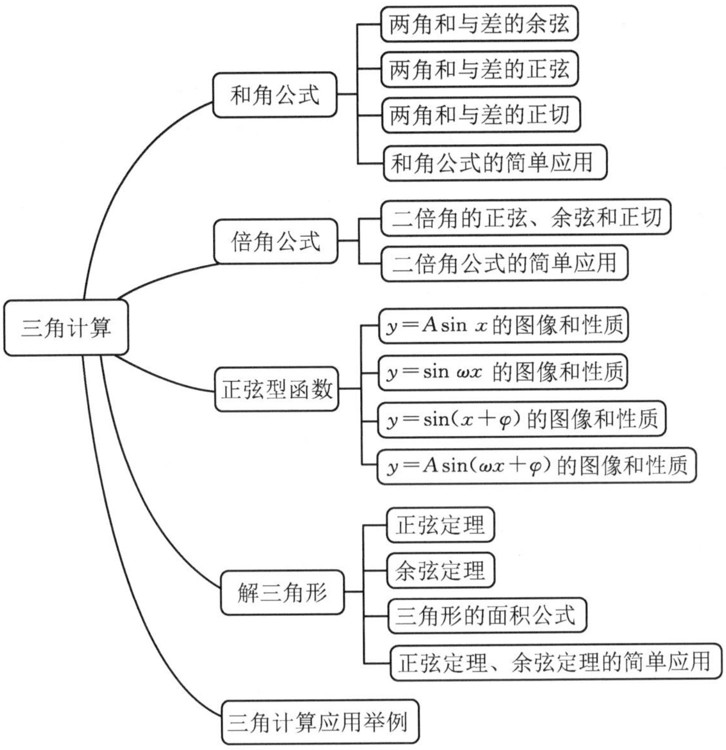

图 2-1　第二单元知识导图

(二)教材编写思路

教材对三角计算单元内容的编排遵循由易到难、由浅入深的原则，“随堂练习”匹配课堂内容和难度，可以有效了解学生的课堂掌握情况．通过“数学园地”栏目介绍三角知识的发展历史，丰富学生的数学知识，同时发展学生的数学素养；设“单元小结”，通过知识导图总结归纳三角计算的知识框架，对本单元重点内容进行学习指导；最后通过两个水平的单元检测题来评价学生的学业质量．这样编排教材，既符合中职学生学习的认知规律，也满足课程标准要求．

(三)单元教学目标

知识目标：理解和角公式和倍角公式在求值、化简及证明等方面的应用，正弦型函数的图像和性质；了解和角公式的推导过程，正弦型函数与正弦函数之间的关系；初步掌握在一个周期上用“五点法”画正弦型函数简图，用正弦定理和余弦定理解三角形的方法，用三角计算解决实际问题的方法．

能力目标：会用和角公式、倍角公式计算一些非特殊角的三角函数值，会用两个角的三角函数值计算两角和与两角差的三角函数值，会用“五点法”画正弦函数和正弦型函数图像，熟练掌握正弦函数的变换，能够用正弦定理和余弦定理解三角形，会用带正弦值的三角形面积公式进行计算，通过数学建模解决简单的与三角计算有关的实际问题．

素养目标：在复杂的三角函数值的计算过程中，考查学生的细心、耐心和计算速度，培养学生的数学运算素养；在公式推导的过程中，让学生感受数学的逻辑美，培养学生的逻辑推理能力；用三角函数知识解决实际生活中的问题，让学生感受到数学应用的广度，培养学生的数学建模能力；在公式的推导和理解过程中，培养学生严谨的、理性的思维；在三角函数的计算和应用过程中，培养学生勇于探索、一丝不苟的科学精神.

(四)单元重难点

重点：和角公式、倍角公式的应用，正弦型函数的图像与性质，正弦定理和余弦定理.

难点：和角公式的推导，正弦型函数的变换，正弦定理和余弦定理的综合应用.

四、教材教学建议

2.1 和角公式

(一)教学准备

1. 教师授课前，学生应熟记30°，45°，60°等特殊角的三角函数值、两点之间的距离公式、三角形全等知识.

2. 教师利用多媒体一体机设计记忆公式的闯关游戏.

(二)教学内容

两角和与差的正弦公式、余弦公式和正切公式及其简单应用.

(三)教学目标

知识目标：理解两角和与差的正弦公式、余弦公式和正切公式在求值、化简及证明等方面的应用；了解两角和与差的正弦公式、余弦公式和正切公式的推导过程.

能力目标：会用两角和与差的正弦公式、余弦公式和正切公式计算一些非特殊角的三角函数值；会用两个角的三角函数值计算两角和与两角差的三角函数值.

素养目标：在复杂的三角函数值的计算过程中，考查学生的细心、耐心和计算速度，培养学生的数学运算素养；在公式推导的过程中，让学生感受数学的逻辑美，培养学生的逻辑推理能力；在公式的推导和理解过程中，培养学生严谨的、理性的思维；在三角函数的计算和应用过程中，培养学生勇于探索、一丝不苟的科学精神.

(四)教学重难点

重点：两角和与差的正弦公式、余弦公式和正切公式的简单应用；

难点：两角和与差的正弦公式、余弦公式和正切公式的推导.

(五)教学提示

序号	教学提示
1	通过特殊角的三角函数值，让学生意识到两角和的余弦值并不是简单地将两角余弦值相加，然后抛出问题：如何计算 $\cos(\alpha-\beta)$？

续表

序号	教学提示
2	依托单位圆来证明两角和的余弦值，教师简单证明思路即可．得到两角和的余弦公式后，用诱导公式得到两角差的余弦公式．通过两个公式的一些特性和共同点，帮助学生一起记忆公式，可以用口诀“CCSS”来记忆两角和与差的余弦公式．
3	在例题中，已知一个角的正弦值(余弦值)，用三角函数平方和公式求它对应的余弦值(正弦值)时，一定要注意判断符号．$\cos\left(\frac{\pi}{2}-\alpha\right)=\sin\alpha$，$\sin\left(\frac{\pi}{2}-\alpha\right)=\cos\alpha$ 虽作为例题，但有承上启下的作用，为正弦公式的推导做准备，教师也可以要求学生把它当作一个结论记住．
4	在两角和与差的正弦公式的推导过程中，首先应用教材第 2.1.1 节中例 4 的结论将正弦转化成余弦，然后用两角和与差的余弦公式展开，得到两角和与差的正弦公式．在证明的过程中，教师要强调将两角和(两角差)看作整体．通过两个公式的一些特性和共同点，帮助学生一起记忆公式，可以用口诀“SCCS”来记忆两角和与差的正弦公式．
5	在两角和与差的正切公式的证明过程中，要先用商数公式将两角和与差的正切转化为正弦和余弦的比，再用两角和与差的正弦公式、余弦公式展开即可得到正切公式．在两角和与差的正切公式的计算中，教师要告诉学生“1”的巧妙用法，可以通过 $1=\tan 45^\circ$ 这个等式，巧妙构建两角和与差的正切公式需要的结构形式．
6	在“已知 $\sin(\alpha+\beta)$ 和 $\cos\alpha$，求 $\cos\beta$”这类问题中，要提醒学生：不能看到两角和就要把它拆掉，要建立一种整体思想，将 $\alpha+\beta$，α 看成已知角，将 β 看成未知角，通过构造“$\beta=(\alpha+\beta)-\alpha$”来求 $\cos\beta$．
7	逆用公式是非常重要的，这种方法在三角函数式的变形中经常用到，教学中应强调这种使用方法，培养学生的逆向思维能力．

(六)课程思政设计

最早的珠峰测量采用的是无人员登顶的三角高程测量法．教学中可引入 2020 年珠峰高程测量案例，讲述我国珠峰高程测量经历从传统大地测量技术到现代综合大地测量技术的转变．每次珠峰测量，都体现了我国测绘技术的不断进步，彰显了我国测绘技术的最高水平．不同时期以不同方式测量珠峰，以及对珠峰高程的多次测量，反映了人类对自然的求知探索精神，并成为人类了解和认识地球的一个重要标志，提升学生的民族自信和自豪感．

(七)习题答案

2.1.1　两角和与差的余弦

随堂练习

1. $\cos 15^\circ=\cos(45^\circ-30^\circ)=\cos 45^\circ\cos 30^\circ+\sin 45^\circ\sin 30^\circ=\frac{\sqrt{6}+\sqrt{2}}{4}$．

$\cos 105^\circ=\cos(45^\circ+60^\circ)=\cos 45^\circ\cos 60^\circ-\sin 45^\circ\sin 60^\circ=\frac{\sqrt{2}-\sqrt{6}}{4}$．

2. $\cos 75°\cos 30°+\sin 75°\sin 30°=\cos(75°-30°)=\cos 45°=\dfrac{\sqrt{2}}{2}$.

3. 因为 $\cos\alpha=\dfrac{3}{5}$，所以 $\sin\alpha=\pm\sqrt{1-\cos^2\alpha}=\pm\sqrt{1-\left(\dfrac{3}{5}\right)^2}=\pm\dfrac{4}{5}$.

又因为 $\alpha\in\left(0,\ \dfrac{\pi}{2}\right)$，所以 $\sin\alpha=\dfrac{4}{5}$.

因为 $\sin\beta=\dfrac{12}{13}$，所以 $\cos\beta=\pm\sqrt{1-\sin^2\beta}=\pm\sqrt{1-\left(\dfrac{12}{13}\right)^2}=\pm\dfrac{5}{13}$.

又因为 $\beta\in\left(0,\ \dfrac{\pi}{2}\right)$，所以 $\cos\beta=\dfrac{5}{13}$.

所以 $\cos(\alpha+\beta)=\cos\alpha\cos\beta-\sin\alpha\sin\beta=-\dfrac{33}{65}$，

$\cos(\alpha-\beta)=\cos\alpha\cos\beta+\sin\alpha\sin\beta=\dfrac{63}{65}$.

2.1.2 两角和与差的正弦

随堂练习

1. $\sin 75°=\sin(30°+45°)=\sin 30°\cos 45°+\cos 30°\sin 45°=\dfrac{\sqrt{2}+\sqrt{6}}{4}$. $\sin 15°=\sin(45°-30°)=\sin 45°\cos 30°-\cos 45°\sin 30°=\dfrac{\sqrt{2}}{2}\times\dfrac{\sqrt{3}}{2}-\dfrac{\sqrt{2}}{2}\times\dfrac{1}{2}=\dfrac{\sqrt{6}-\sqrt{2}}{4}$.

2. (1) $\sin 75°\cos 15°-\cos 75°\sin 15°=\sin(75°-15°)=\sin 60°=\dfrac{\sqrt{3}}{2}$.

(2) $\sin 45°\cos 15°+\cos 45°\sin 15°=\sin(45°+15°)=\sin 60°=\dfrac{\sqrt{3}}{2}$.

3. 因为 $\cos\alpha=\dfrac{3}{5}$，所以 $\sin\alpha=\pm\sqrt{1-\cos^2\alpha}=\pm\sqrt{1-\left(\dfrac{3}{5}\right)^2}=\pm\dfrac{4}{5}$. 又 $\alpha\in\left(0,\ \dfrac{\pi}{2}\right)$，所以 $\sin\alpha=\dfrac{4}{5}$.

因为 $\sin\beta=\dfrac{12}{13}$，所以 $\cos\beta=\pm\sqrt{1-\sin^2\beta}=\pm\sqrt{1-\left(\dfrac{12}{13}\right)^2}=\pm\dfrac{5}{13}$. 又 $\alpha\in\left(0,\ \dfrac{\pi}{2}\right)$，所以 $\cos\beta=\dfrac{5}{13}$. 所以 $\sin(\alpha+\beta)=\sin\alpha\cos\beta+\cos\alpha\sin\beta=\dfrac{4}{5}\times\dfrac{5}{13}+\dfrac{3}{5}\times\dfrac{12}{13}=\dfrac{56}{65}$，$\sin(\alpha-\beta)=\sin\alpha\cos\beta-\cos\alpha\sin\beta=\dfrac{4}{5}\times\dfrac{5}{13}-\dfrac{3}{5}\times\dfrac{12}{13}=-\dfrac{16}{65}$.

2.1.3 两角和与差的正切

随堂练习

1. $\tan 105°=\tan(60°+45°)=\dfrac{\tan 60°+\tan 45°}{1-\tan 60°\tan 45°}=\dfrac{\sqrt{3}+1}{1-\sqrt{3}}=-2-\sqrt{3}$.

2. $\tan 15°=\tan(60°-45°)=\dfrac{\tan 60°-\tan 45°}{1+\tan 60°\tan 45°}=\dfrac{\sqrt{3}-1}{1+\sqrt{3}}=2-\sqrt{3}$.

3. $\dfrac{\tan 60°-\tan 15°}{1+\tan 60°\tan 15°}=\tan(60°-15°)=\tan 45°=1$.

2.1.4　和角公式的简单应用

随堂练习

1. 原式$=\sin 5°\cos 25°+\cos 5°\sin 25°=\sin 30°=\dfrac{1}{2}$.

2. 因为 $\sin\alpha=\dfrac{4}{5}$，所以 $\cos\alpha=\pm\sqrt{1-\sin^2\alpha}=\pm\sqrt{1-\left(\dfrac{4}{5}\right)^2}=\pm\dfrac{3}{5}$.

又因为 $\alpha\in\left(\dfrac{\pi}{2},\pi\right)$，所以 $\cos\alpha=-\dfrac{3}{5}$.

所以 $\sin\left(\alpha-\dfrac{\pi}{6}\right)=\sin\alpha\cos\dfrac{\pi}{6}-\cos\alpha\sin\dfrac{\pi}{6}=\dfrac{4}{5}\times\dfrac{\sqrt{3}}{2}-\left(-\dfrac{3}{5}\right)\times\dfrac{1}{2}=\dfrac{4\sqrt{3}+3}{10}$.

3. 因为 $\cos\alpha=\dfrac{4}{5}$，$\cos(\alpha+\beta)=-\dfrac{12}{13}$，

所以 $\sin\alpha=\pm\dfrac{3}{5}$，$\sin(\alpha+\beta)=\pm\sqrt{1-\cos^2(\alpha+\beta)}=\pm\sqrt{1-\left(-\dfrac{12}{13}\right)^2}=\pm\dfrac{5}{13}$.

又因为 α，β 为锐角，

所以 $\sin\alpha=\dfrac{3}{5}$，$\sin(\alpha+\beta)=\dfrac{5}{13}$.

所以 $\cos\beta=\cos(\alpha+\beta-\alpha)=\cos(\alpha+\beta)\cos\alpha+\sin(\alpha+\beta)\sin\alpha=-\dfrac{12}{13}\times\dfrac{4}{5}+\dfrac{5}{13}\times\dfrac{3}{5}=-\dfrac{33}{65}$.

习题 2.1

水平一

1. A.　2. $\sqrt{2}\cos\alpha$.　3. $\dfrac{\sqrt{2}}{2}$.

4. 因为 $\sin\alpha=\dfrac{4}{5}$，

所以 $\cos\alpha=\pm\sqrt{1-\sin^2\alpha}=\pm\sqrt{1-\left(\dfrac{4}{5}\right)^2}=\pm\dfrac{3}{5}$.

又因为 α 是第二象限角，所以 $\cos\alpha=-\dfrac{3}{5}$.

所以
$$\begin{aligned}\cos\left(\alpha+\frac{\pi}{6}\right)&=\cos\alpha\cos\frac{\pi}{6}-\sin\alpha\sin\frac{\pi}{6}\\&=-\frac{3}{5}\times\frac{\sqrt{3}}{2}-\frac{4}{5}\times\frac{1}{2}\\&=\frac{-3\sqrt{3}-4}{10}.\end{aligned}$$

5. 因为 $\sin\alpha=\frac{4}{5}$，α 为锐角，所以 $\cos\alpha=\frac{3}{5}$. 又 $\cos\beta=\frac{2\sqrt{5}}{5}$，$\beta$ 为锐角，所以 $\sin\beta=\frac{\sqrt{5}}{5}$，

所以 $\sin(\alpha-\beta)=\sin\alpha\cos\beta-\cos\alpha\sin\beta=\frac{4}{5}\times\frac{2\sqrt{5}}{5}-\frac{3}{5}\times\frac{\sqrt{5}}{5}=\frac{\sqrt{5}}{5}$.

水平二

1. 原式 $=\sin 73^\circ\cos 47^\circ+\cos 73^\circ\sin 47^\circ=\sin(73^\circ+47^\circ)=\sin 120^\circ=\frac{\sqrt{3}}{2}$.

2. $\sin(\alpha-\beta)\cos\alpha-\cos(\alpha-\beta)\sin\alpha=\sin(\alpha-\beta-\alpha)=\sin(-\beta)=-\sin\beta$.

3. 原式 $=2\left(\frac{\sqrt{3}}{2}\cos\frac{\pi}{12}-\frac{1}{2}\sin\frac{\pi}{12}\right)=2\left(\sin\frac{\pi}{3}\cos\frac{\pi}{12}-\cos\frac{\pi}{3}\sin\frac{\pi}{12}\right)=2\sin\left(\frac{\pi}{3}-\frac{\pi}{12}\right)=2\sin\frac{\pi}{4}=\sqrt{2}$.

4. 因为 $\tan\alpha$，$\tan\beta$ 是方程 $x^2-2x-3=0$ 的两个根，所以 $\tan\alpha+\tan\beta=2$，$\tan\alpha\tan\beta=-3$，所以 $\tan(\alpha+\beta)=\frac{\tan\alpha+\tan\beta}{1-\tan\alpha\tan\beta}=\frac{2}{1+3}=\frac{1}{2}$.

2.2 倍角公式

(一)教学准备

1. 教师授课前，学生应熟练掌握和角公式和特殊角的三角函数值.
2. 教师需要准备科学计算器、设计关于特殊角三角函数与二倍角三角函数的计算表格.

(二)教学内容

二倍角的正弦公式、余弦公式和正切公式.

(三)教学目标

知识目标：理解二倍角的正弦公式、余弦公式、正切公式在求值、化简及证明等方面的应用.

能力目标：会用倍角公式计算一些非特殊角的三角函数值，会用一个角的三角函数值计算二倍角的正弦值、余弦值、正切值.

素养目标：在复杂的倍角公式计算过程中，考查学生的细心、耐心和计算速度，培养学生的数学运算素养；通过公式的运用，培养学生逆向思维能力及灵活运用公式解决问题的能力；在三角函数的计算和应用过程中，培养学生勇于探索、一丝不苟的科学精神.

(四)教学重难点

重点：二倍角的正弦公式、余弦公式、正切公式及其应用；

难点：倍角公式的逆用.

(五)教学提示

序号	教学提示
1	二倍角是一种相对的数量关系，例如：2α 是 α 的二倍角，α 是 $\frac{\alpha}{2}$ 的二倍角. 二倍角的实质是用一个角的三角函数表示这个角的二倍角的三角函数. 让学生从一开始就对二倍角的定义有正确的认识.

续表

序号	教学提示
2	倍角公式是一种特殊的和角公式，当两个角相等时，两角和的正弦公式、余弦公式、正切公式就变成了对应的倍角公式．当学生忘记二倍角公式时，可以将二倍角看成两个角相加，然后用和角公式也可以计算．二倍角的余弦公式有三种形式，第一种形式包含正弦函数和余弦函数，第二种形式只包含余弦函数，第三种形式只包含正弦函数，根据题意选择合适的公式形式．
3	倍角公式的逆用是一个难点，我们一定要对照公式特点进行套用，比如教材第 2.2.1 节中的例 1 是求 $\sin 15^\circ\cos 15^\circ$，它与二倍角的正弦公式对应的时候，少了一个系数"2"，要补系数"2"，再除以 2．已知一个角的三角函数值，要求它的半角所对应的函数值，这个时候一定要明确半角的取值范围，再对取值进行取舍．

（六）课程思政设计

在倍角公式的教学设计中，可以这样设计课程思政："在杭州亚运场馆建设中，起重机承担着高层建筑材料的输送，当已知长度的起重机臂吊上某建筑材料时，起重机臂与地面呈某个已知角度，当角度抬高到这个角度的两倍时，吊顶上升了多少米？"这是一个和二倍角公式密切相关的实际问题，同时又是亚运会的场馆建设情境，让学生了解第 19 届亚运会在我国杭州举行，让学生感受我国的国力发展以及在世界上的影响力，增加学生的国家荣誉感和自豪感．

（七）习题答案

2.2.1　二倍角的正弦、余弦和正切

随堂练习

1.（1）$2\sin 22.5^\circ\cos 22.5^\circ=\sin 45^\circ=\dfrac{\sqrt{2}}{2}$.

（2）$\sin 15^\circ\sin 75^\circ=\sin 15^\circ\cos 15^\circ=\dfrac{1}{2}(2\sin 15^\circ\cos 15^\circ)=\dfrac{1}{2}\sin 30^\circ=\dfrac{1}{4}$.

（3）$2\cos^2\dfrac{\pi}{12}-1=\cos\dfrac{\pi}{6}=\dfrac{\sqrt{3}}{2}$.

2. $\tan 2\alpha=\dfrac{2\tan\alpha}{1-\tan^2\alpha}=\dfrac{10}{1-25}=-\dfrac{5}{12}$.

3. 因为 $\sin\alpha=\dfrac{5}{13}$，α 为第一象限角，

所以 $\cos\alpha=\dfrac{12}{13}$，

所以 $\cos 2\alpha=\cos^2\alpha-\sin^2\alpha=\dfrac{119}{169}$.

2.2.2 二倍角公式的简单应用

随堂练习

1. $\sin 15°\sin 30°\sin 75°=\sin 15°\sin 30°\cos 15°=\frac{1}{2}(2\sin 15°\cos 15°)\sin 30°=\frac{1}{2}\sin^2 30°=\frac{1}{8}$.

2. 因为 $\sin\left(\frac{\pi}{2}-\alpha\right)=\cos\alpha=\frac{3}{5}$，所以 $\cos 2\alpha=2\cos^2\alpha-1=\frac{18}{25}-1=-\frac{7}{25}$.

3. 左边$=\frac{1+\sin 2\alpha+\cos 2\alpha}{\cos\alpha+\sin\alpha}=\frac{\sin^2\alpha+\cos^2\alpha+2\sin\alpha\cos\alpha+\cos^2\alpha-\sin^2\alpha}{\cos\alpha+\sin\alpha}$

$=\frac{2\cos^2\alpha+2\sin\alpha\cos\alpha}{\cos\alpha+\sin\alpha}=\frac{2\cos\alpha(\cos\alpha+\sin\alpha)}{\cos\alpha+\sin\alpha}=2\cos\alpha=$右边.

习题 2.2

水平一

1. A.

2. $1-\sin\alpha$.

3. (1)$\frac{\sqrt{3}}{4}$. (2)$\frac{\sqrt{3}}{2}$. (3)$\frac{\sqrt{3}}{6}$. (4)$\frac{\sqrt{2}}{2}$.

4. 因为 $\cos\alpha=-\frac{3}{5}$，又 α 是第三象限角，所以 $\sin\alpha=-\frac{4}{5}$.

所以 $\sin 2\alpha=2\sin\alpha\cos\alpha=\frac{24}{25}$，$\cos 2\alpha=2\cos^2\alpha-1=-\frac{7}{25}$，$\tan 2\alpha=\frac{\sin 2\alpha}{\cos 2\alpha}=-\frac{24}{7}$.

5. 因为 α 是第四象限角，且 $\sin\alpha+\cos\alpha=\frac{1}{2}$，

所以$(\sin\alpha+\cos\alpha)^2=1+2\sin\alpha\cos\alpha=\frac{1}{4}$，所以 $\sin 2\alpha=-\frac{3}{4}$.

所以$(\sin\alpha-\cos\alpha)^2=1-\sin 2\alpha=\frac{7}{4}$. 又 α 为第四象限角，所以 $\sin\alpha<0$，$\cos\alpha>0$，

所以 $\sin\alpha-\cos\alpha=-\frac{\sqrt{7}}{2}$.

水平二

1. 因为 $\cos 2\alpha=1-2\sin^2\alpha=-\frac{1}{4}$，所以 $\sin^2\alpha=\frac{5}{8}$.

2. 因为 $\alpha\in\left(\pi,\frac{3\pi}{2}\right)$，所以$\frac{\alpha}{2}\in\left(\frac{\pi}{2},\frac{3\pi}{4}\right)$，

所以 $\cos\frac{\alpha}{2}<0$，

所以 $\cos^2\frac{\alpha}{2}=\frac{1+\cos\alpha}{2}=\frac{1}{5}$，

所以 $\cos\frac{\alpha}{2}=-\frac{\sqrt{5}}{5}$.

3. 由 $\sin\alpha+2\cos\alpha=0$，得 $\tan\alpha=-2$.

左边$=\frac{\cos 2\alpha-\sin 2\alpha}{1+\cos^2\alpha}=\frac{\cos^2\alpha-\sin^2\alpha-2\sin\alpha\cos\alpha}{\sin^2\alpha+\cos^2\alpha+\cos^2\alpha}=\frac{1-\tan^2\alpha-2\tan\alpha}{\tan^2\alpha+2}=\frac{1}{6}=$右边.

2.3　正弦型函数

(一)教学准备

1. 教师授课前，学生需具备基本作图、读图能力，能够用描点法画函数的图像，能够读出简单图像的性质.

2. 教师授课前制作学案，在学案上设计表格、坐标等，准备“五点法”画图的动态演示图.

(二)教学内容

正弦型函数的图像、性质和应用.

(三)教学目标

知识目标：理解正弦型函数的图像和性质；了解正弦型函数与正弦函数之间的关系；初步掌握在一个周期上画正弦型函数简图的“五点法”.

能力目标：能说出 A，ω，φ 的意义以及对正弦型函数图像的影响，掌握画正弦函数和正弦型函数图像的三个步骤，熟练掌握正弦函数图像的变换.

素养目标：在正弦型函数的作图过程中，考查学生的细心、耐心和计算准确度，培养学生的数学运算素养；经历正弦型函数及其图像的学习过程，体验“数形结合”的探究方法，体验数学的应用.

(四)教学重难点

重点：正弦型函数的图像和性质，正弦函数与正弦型函数之间的变换，“五点法”绘制正弦型函数图；

难点：正弦型函数的图像及变换.

(五)教学提示

序号	教学提示
1	在正弦型函数中，教师要强调 A，ω，φ 的作用：(1)A 称为正弦型函数的振幅，影响函数的最值，函数的最大值为 $\lvert A\rvert$，最小值为 $-\lvert A\rvert$；(2)ω 决定函数的周期，周期就是往复振动一次所需要的时间，当 $\omega>0$ 时，函数的周期为 $T=\frac{2\pi}{\omega}$，于是得到频率公式 $f=\frac{1}{T}=\frac{\omega}{2\pi}$，频率就是单位时间内往复振动的次数；(3)$\varphi$ 决定一个周期内的函数图像的起点，$\omega x+\varphi$ 叫作相位，$x=0$ 时的相位 φ 叫作初相.
2	五点法作图时，要强调将 $\omega x+\varphi$ 看作一个整体，然后为这个整体赋值 0，$\frac{\pi}{2}$，π，$\frac{3\pi}{2}$，2π 这 5 个值，再求出对应的 x 和 y 的值. 作函数图像时，要看清要求，很多题目要求作“一个周期内的函数图像”，这个时候只需要画一个周期内的函数图像即可.
3	已知正弦型函数的图像，求参数 A，ω，φ 的值，根据图像的最高点求 A，根据函数周期求 ω，最后通过代入具体点求 φ，我们一般选用最高点或最低点，这样 φ 可以确定下来.

续表

序号	教学提示
4	将函数 $y=a\sin x+b\cos x$ 化成正弦型函数 $y=A\sin(\omega x+\varphi)$ 的形式，教师可以将转化的过程用通俗的语言归纳为两个过程：(1)将 $\|a\|$，$\|b\|$ 看作直角三角形的两条直角边，然后提取一个斜边 $\sqrt{a^2+b^2}$，再利用等式 $\cos\varphi=\frac{a}{\sqrt{a^2+b^2}}$，$\sin\varphi=\frac{b}{\sqrt{a^2+b^2}}$，将表达式变成"SCCS"形式，再用两角和与差的正弦公式转化为正弦型函数.

(六)课程思政设计

我国已建成全球最大的高速铁路网，高铁系统的车载信号设备中采用数字信号处理技术，而正弦信号是数字信号处理的一部分内容，我们将高铁系统的正弦信号作为正弦型函数的情境引入，在情境问题中让学生了解中国的高铁系统，感受我国高铁体系的强大，增强学生的民族自豪感.

(七)习题答案

2.3.1 $y=A\sin x$ 的图像和性质

随堂练习

1. 略.

2. (1)最大值为 4，最小值为 -4. (2)最大值为 $\frac{2}{5}$，最小值为 $-\frac{2}{5}$.

3. 横坐标不变，纵坐标变为原来的 5 倍.

2.3.2 $y=\sin\omega x$ 的图像和性质

随堂练习

1. 略.

2. (1)$T=\frac{2\pi}{3}$，将 $y=\sin x$ 的图像纵坐标不变，横坐标变为原来的 $\frac{1}{3}$，得到 $y=\sin 3x$ 的图像.

(2)$T=\frac{2\pi}{\frac{2}{3}}=3\pi$，将 $y=\sin x$ 的图像纵坐标不变，横坐标变为原来的 $\frac{3}{2}$ 倍，得到 $y=\sin\frac{2}{3}x$ 的图像.

3. 将 $y=\sin x$ 的图像横坐标变为原来的 $\frac{1}{3}$，得到 $y=\sin 3x$ 的图像；

再将得到的图像纵坐标变为原来的 2 倍，得到 $y=2\sin 3x$ 的图像.

2.3.3 $y=\sin(x+\varphi)$ 的图像和性质

随堂练习

1. 略.

2.(1)$y=\sin\left(x+\frac{2\pi}{3}\right)$的图像可以看作将 $y=\sin x$ 的图像上所有点向左平移$\frac{2\pi}{3}$个单位长度得到.

(2)$y=\sin\left(x-\frac{3\pi}{4}\right)$的图像可以看作将 $y=\sin x$ 的图像上所有点向右平移$\frac{3\pi}{4}$个单位长度得到.

3. 略

2.3.4　$y=A\sin(\omega x+\varphi)$的图像和性质

随堂练习

1.(1)$T=\pi$，$y=5\sin\left(2x+\frac{2\pi}{3}\right)$的图像可以看作先将 $y=\sin x$ 的图像上的纵坐标变为原来的 5 倍，再将横坐标变为原来的$\frac{1}{2}$，最后向左平移$\frac{\pi}{3}$个单位长度得到.

(2)$T=\frac{2\pi}{3}$，$y=7\sin\left(3x-\frac{3\pi}{4}\right)$的图像可以看作先将 $y=\sin x$ 的图像上的纵坐标变为原来的 7 倍，再将横坐标变为原来的$\frac{1}{3}$，最后向右平移$\frac{\pi}{4}$个单位长度得到.

2.(1)振幅为 2，周期 $T=\frac{2\pi}{3}$，初相为$\frac{2\pi}{3}$.

(2)振幅为 1，周期 $T=2\pi$，初相为$\frac{3\pi}{2}$.

3. 因为 $y=\frac{1}{2}\sin x+\frac{\sqrt{3}}{2}\cos x=\cos\frac{\pi}{3}\sin x+\sin\frac{\pi}{3}\cos x=\sin\left(x+\frac{\pi}{3}\right)$，所以周期为 2π，

$y_{\max}=1$，$y_{\min}=-1$.

习题 2.3

水平一

1. A.

2. A.

3. $\frac{\pi}{6}+2k\pi$，$k\in\mathbf{Z}$　3.

4.(1)周期 $T=\frac{2\pi}{\frac{1}{2}}=4\pi$，最大值为 2，最小值为$-2$.

(2)周期 $T=\frac{2\pi}{3}$，最大值为 4，最小值为-4.

(3)周期 $T=\frac{2\pi}{3}$，最大值为$\sqrt{2}$，最小值为$-\sqrt{2}$.

(4)周期 $T=\frac{2\pi}{2}=\pi$，最大值为 2，最小值为-2.

5. 由 $y=\sin x$ 的图像上横坐标缩短为原来的$\frac{1}{4}$，得到 $y=\sin 4x$ 的图像，再将得到的图像向右平移$\frac{\pi}{16}$个单位，得到 $y=\sin\left(4x-\frac{\pi}{4}\right)$的图像，最后将纵坐标缩短为原来的$\frac{1}{3}$，得到 $y=\frac{1}{3}\sin\left(4x-\frac{\pi}{4}\right)$的图像.

水平二

1. 因为 $y=\cos^2 2x-\sin^2 2x=\cos 4x$，所以周期 $T=\frac{2\pi}{4}=\frac{\pi}{2}$，最大值为 1，最小值为 -1.

2. 因为 $y=-1+2\sqrt{3}\sin x\cos x+2\cos^2 x=\cos 2x+\sqrt{3}\sin 2x=2\sin\left(2x+\frac{\pi}{6}\right)$，

所以 $T=\frac{2\pi}{2}=\pi$，最大值为 2，最小值为 -2.

3. $y=2\sin\left(2x+\frac{\pi}{3}\right)$.

2.4　解三角形

(一)教学准备

1. 教师授课前，学生应储备以下知识：三角形内角和定理、锐角三角函数的定义、勾股定理，两角和与差的正弦公式、余弦公式，特殊角的三角函数值.

2. 教师授课前准备生产、生活中学生熟悉的案例素材，如高速铁路跨江大桥的长度问题，岛屿之间的测量问题等方面的视频素材，高速铁路隧道建设测量，渔船触礁搁浅求救等方面的图片素材. 绘制三角形等各类平面图形.

(二)教学内容

本节主要内容是正弦定理，余弦定理，三角形的面积公式，以及正弦定理、余弦定理的简单应用.

(三)教学目标

知识目标：初步掌握用正弦定理和余弦定理解三角形的方法，用三角计算解决实际问题的方法.

能力目标：能够用正弦定理和余弦定理解三角形，会用带正弦值的三角形面积公式进行计算，通过数学建模解决简单的与三角计算有关的实际问题.

素养目标：用三角函数知识解决生活实际问题，让学生感受到数学应用的广度，培养学生的数学建模能力；在三角函数的计算和应用过程中，培养学生勇于探索、一丝不苟的科学精神；通过实际问题的探讨、解决，让学生体验学习成就感，增强数学学习兴趣和主动性.

(四)教学重难点

重点：正弦定理与余弦定理；

难点：正弦定理和余弦定理的综合应用.

(五)教学提示

序号	教学提示
1	正弦定理的教学从研究直角三角形出发，得到直角三角形角和边之间的关系，然后将这种关系推广到斜三角形中. 这样的知识处理难度低，学生容易接受.
2	正弦定理 $\frac{a}{\sin A}=\frac{b}{\sin B}=\frac{c}{\sin C}$，实际上可以写成三个等式，即 $\frac{a}{\sin A}=\frac{b}{\sin B}$，$\frac{a}{\sin A}=\frac{c}{\sin C}$，$\frac{b}{\sin B}=\frac{c}{\sin C}$. 在解题时，常常只用到其中的一个或两个.

续表

序号	教学提示
3	利用正弦定理解三角形，主要适用于以下两种情形： (1)已知三角形任意两个角及一条边，求三角形另外两条边及一个角； (2)已知两条边及其中一条边的对角，求三角形另外一条边及两个角.
4	教材第 2.4.1 节中正弦定理中安排了两道例题，介绍利用正弦定理解三角形的方法. 例 1 是基础题，目的是让学生熟悉公式. 例 2 是突破难点的题目，需要讨论，当三角形中某个角的正弦值为正时，有两个角与之对应，要根据三角形内角和特征来取舍.
5	余弦定理是勾股定理的推广. 在余弦定理的每个等式中，各包含了四个不同的量，它们分别是三角形的三条边及一个角. 这样，已知其中三个量，就可以求出第四个量. 因此，利用余弦定理解三角形主要适用以下两种情形： (1)已知两条边及夹角，求第三条边及其他的两个角； (2)已知三条边，求各个角.
6	教材第 2.4.2 节中余弦定理中例 1 是已知两条边及夹角，求第三条边的示例，可以直接应用余弦定理(第三条边求出后，若要进一步求另外两个角，可以利用余弦定理，也可以利用正弦定理). 例 2 是已知三条边求角的示例. 利用“大边对大角，小边对小角”找出最大边，从而求出最大角的余弦值，如余弦值为正，三角形为锐角三角形. 反之为钝角三角形. 利用余弦定理求出一个角后，在求第二个角的时候，可以利用余弦定理，也可以利用正弦定理.
7	运用三个三角形的面积公式，在解题时找准已知量并选择其中一个公式. 教材第 2.4.4 节是正弦定理、余弦定理、面积公式的综合应用，解题时根据已知量选择合适的公式求解.

(六)课程思政设计

教学中可设计引入高速铁路隧道建设测量和高速铁路跨江大桥的长度问题，通过讲解高速铁路的发展与规划，树立学生良好的爱国主义信念及文化制度自信；通过介绍高速铁路隧道施工技术发展，引导学生建立科学追求和培养大国工匠精神. 可设计引入渔船触礁搁浅求救、岛屿之间的测量问题让学生欣赏岛屿美丽的风景，感受祖国大好河山的壮丽秀美，提升对祖国的热爱之情.

(七)习题答案

2.4.1　正弦定理

随堂练习

1. 因为 $A+B+C=180°$，$A=45°$，$C=120°$，

所以 $B=15°$.

又因为 $\frac{a}{\sin A}=\frac{b}{\sin B}$，

所以 $b=\frac{a\sin B}{\sin A}=\frac{3\times\frac{\sqrt{6}-\sqrt{2}}{4}}{\frac{\sqrt{2}}{2}}=\frac{3(\sqrt{3}-1)}{2}$.

2. 因为$\dfrac{a}{\sin A}=\dfrac{b}{\sin B}$,

所以$\sin B=\dfrac{b\sin A}{a}=\dfrac{2\sqrt{3}\times\dfrac{\sqrt{2}}{2}}{2\sqrt{2}}=\dfrac{\sqrt{3}}{2}$.

所以$B=60°$或$B=120°$.

因为$b>a$,

所以$B>A$.

所以$B=60°$或$B=120°$.

所以$\begin{cases}B=60°,\\C=75°\end{cases}$或$\begin{cases}B=120°,\\C=15°.\end{cases}$

3. 因为$\dfrac{a}{\sin A}=\dfrac{b}{\sin B}$,

所以$b=\dfrac{a\sin B}{\sin A}=\dfrac{\sqrt{2}\times\dfrac{1}{2}}{\dfrac{\sqrt{2}}{2}}=1$.

因为$C=180°-A-B=180°-45°-30°=105°$,

又因为$\dfrac{c}{\sin C}=\dfrac{b}{\sin B}$,

所以$c=\dfrac{b\sin C}{\sin B}=\dfrac{1\times\dfrac{\sqrt{6}+\sqrt{2}}{4}}{\dfrac{1}{2}}=\dfrac{\sqrt{6}+\sqrt{2}}{2}$.

2.4.2 余弦定理

随堂练习

1. 因为$a^2=b^2+c^2-2bc\cos A=3^2+5^2-2\times3\times5\times\dfrac{1}{2}=19$,所以$a=\sqrt{19}$.

2. 因为$\cos C=\dfrac{a^2+b^2-c^2}{2ab}=\dfrac{4+16-12}{16}=\dfrac{1}{2}$,又因为$0°<C<180°$,所以$C=60°$.

3. 因为$c>a>b$,

所以$C>A>B$.

因为$\cos C=\dfrac{a^2+b^2-c^2}{2ab}=\dfrac{36+25-100}{60}=-\dfrac{13}{20}<0$,

所以C为钝角.

所以$\triangle ABC$是钝角三角形.

2.4.3 三角形的面积公式

随堂练习

1. $S_{\triangle ABC}=\dfrac{1}{2}ab\sin C=\dfrac{1}{2}\times2\times4\times\sin 45°=2\sqrt{2}$.

2. $S_{\triangle ABC}=\frac{1}{2}bc\sin A=\frac{1}{2}\times 2\sqrt{3}\times 2\times\sin 120^{\circ}=3$.

3. $S_{\triangle ABC}=\frac{1}{2}ac\sin B=\frac{1}{2}\times 3\times 4\times\sin 150^{\circ}=3$.

2.4.4　正弦定理、余弦定理的简单应用

随堂练习

1. 因为$\frac{c}{\sin C}=\frac{b}{\sin B}$，

所以 $\sin C=\frac{c\sin B}{b}=\frac{2\times\frac{1}{2}}{\sqrt{2}}=\frac{\sqrt{2}}{2}$，

所以 $C=45^{\circ}$或 $C=135^{\circ}$.

因为 $c>b$，

所以 $C>B$，

所以 $C=45^{\circ}$或 $C=135^{\circ}$.

所以$\begin{cases}A=105^{\circ},\\C=45^{\circ}\end{cases}$或$\begin{cases}A=15^{\circ},\\C=135^{\circ}.\end{cases}$

所以 $S_{\triangle ABC}=\frac{1}{2}bc\sin A=\frac{\sqrt{3}+1}{2}$或 $S_{\triangle ABC}=\frac{\sqrt{3}-1}{2}$.

2. 因为$\frac{a}{\sin A}=\frac{b}{\sin B}$，

所以 $\sin B=\frac{b\sin A}{a}=\frac{\sqrt{3}\times\frac{\sqrt{3}}{2}}{3}=\frac{1}{2}$，

所以 $B=30^{\circ}$或 $B=150^{\circ}$.

因为 $b<a$，

所以 $B<A$，

所以 $B=30^{\circ}$.

所以 $C=180^{\circ}-A-B=30^{\circ}$.

所以 $S_{\triangle ABC}=\frac{1}{2}ab\sin C=\frac{1}{2}\times 3\times\sqrt{3}\times\sin 30^{\circ}=\frac{3\sqrt{3}}{4}$.

3. 因为 A 为锐角，

所以 $\cos A=x=\frac{1}{2}$，

所以 $\sin A=\frac{\sqrt{3}}{2}$，

所以 $S_{\triangle ABC}=\frac{1}{2}bc\sin A=\frac{1}{2}\times 6\times 4\times\frac{\sqrt{3}}{2}=6\sqrt{3}$.

习题 2.4

水平一

1. $45°$.　2. $3\sqrt{3}$.　3. $\sqrt{13}$　$\dfrac{3\sqrt{3}}{4}$.　4. 直角.

水平二

1. $\dfrac{1}{2}$　$30°$.

2. 因为 $S_{\triangle ABC}=\dfrac{1}{2}bc\sin A$，

所以 $5\sqrt{3}=\dfrac{1}{2}\times4\times5\sin A$，

所以 $\sin A=\dfrac{\sqrt{3}}{2}$.

因为 A 是锐角，

所以 $A=60°$.

所以 $a^2=b^2+c^2-2bc\cos A=4^2+5^2-2\times4\times5\times\dfrac{1}{2}=21$，

所以 $a=\sqrt{21}$.

3. 因为 C 是锐角，

所以 $\cos C=x=\dfrac{2}{3}$，

所以 $\sin C=\dfrac{\sqrt{5}}{3}$，

所以 $S_{\triangle ABC}=\dfrac{1}{2}ab\sin C=\dfrac{1}{2}\times4\sqrt{3}\times3\times\dfrac{\sqrt{5}}{3}=2\sqrt{15}$.

4. (1)因为 $\cos A=\dfrac{3}{5}$，$\cos B=-\dfrac{5}{13}$，A，$B\in(0°, 180°)$，

所以 $\sin A=\dfrac{4}{5}$，$\sin B=\dfrac{12}{13}$.

所以 $\sin C=\sin(A+B)=\sin A\cos B+\cos A\sin B=\dfrac{4}{5}\times\left(-\dfrac{5}{13}\right)+\dfrac{3}{5}\times\dfrac{12}{13}=\dfrac{16}{65}$.

(2)因为 $\dfrac{a}{\sin A}=\dfrac{c}{\sin C}$，

所以 $a=\dfrac{c}{\sin C}\cdot\sin A=\dfrac{65}{4}$.

2.5　三角计算应用举例

(一)教学准备

1. 教师授课前，学生应储备以下知识：方位角、仰角和俯角，三角函数的定义，行程问题的公式.

2. 教师授课前准备生产、生活中学生熟悉的案例素材，例如，航海中缉私船的行程问题、炮兵阵地到目标的距离、飞机航行中山顶的海拔高度等方面的视频素材. 绘制三角形等各类平面图形.

(二)教学内容

本节主要教学内容是利用正弦定理和余弦定理解决在科学技术、生产实际、日常生活等中的实际问题.

(三)教学目标

知识目标： 初步掌握用三角计算解决实际问题的方法.

能力目标： 会用带正弦值的三角形面积公式进行计算，通过数学建模解决简单的与三角计算有关的实际问题.

素养目标： 用三角函数知识解决生活实际问题，让学生感受到数学应用的广度，培养学生的数学建模能力；利用三角计算解决一些生活与生产中的测量及与几何计算有关的实际问题，提高学生应用数学知识的能力；在三角函数的计算和应用过程中，培养学生勇于探索、一丝不苟的科学精神.

(四)教学重难点

重点： 正弦定理和余弦定理的实际应用；

难点： 数学模型的构建.

(五)教学提示

序号	教学提示
1	生产与生活中有大量的应用正弦定理与余弦定理解三角形的实例. 教材选择了两道例题来体现正弦定理的应用. 教师可补充余弦定理的应用题型.
2	在实际问题中，特别是航海与测量中会遇到各种角的概念，现分别介绍如下，供教师参考. (1)仰角与俯角：当一个物体在我们上方时，只有仰望才能看到它，那么视线与水平线的夹角就叫仰角. 当物体在我们的下方时，我们要俯视才能看清它，那么此时视线与水平线的夹角就叫俯角(图 2-2). 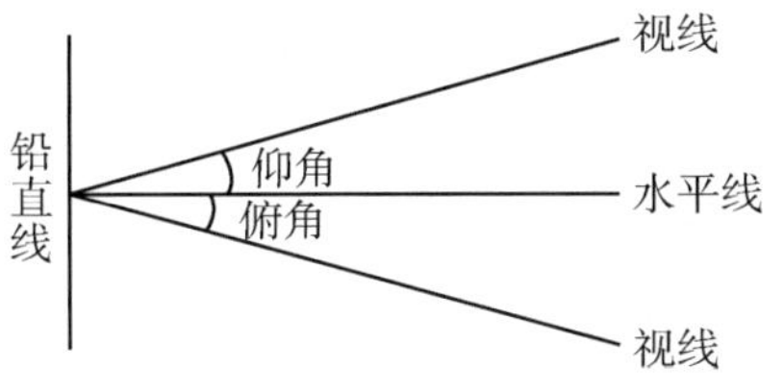 图 2-2 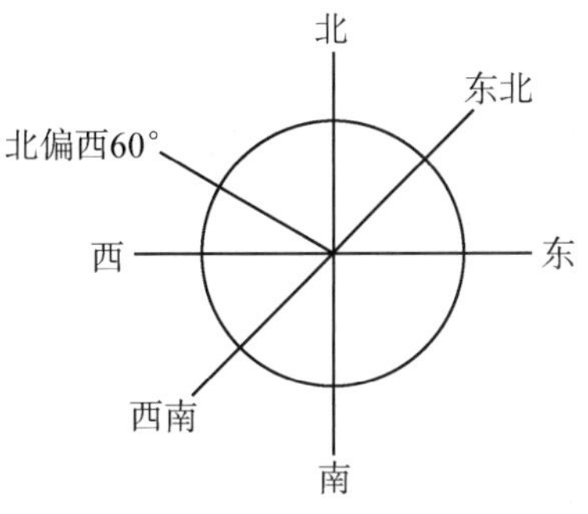 图 2-3 (2)方位角：由正北方向顺时针旋转到目标方向线的水平角，其范围是(0°，360°). 描述方位角时，通常采用以南、北为基础方向，加偏向角(偏向东或西的角度)的方法(图 2-3).

续表

序号	教学提示
3	解三角形应用题的一般步骤. (1)阅读理解题意，弄清问题的实际背景，明确已知量与未知量，厘清量与量之间的关系. (2)根据题意画出示意图，将实际问题抽象成解三角形问题的模型. (3)根据题意选择正弦定理或余弦定理求解. (4)在计算过程中，要注意实际问题中的有关单位、近似计算的要求等.
4	解三角形应用题常有以下两种情形. (1)实际问题经抽象概括后，已知量与未知量全部集中在一个“三角形”中，此时可用正弦定理或余弦定理求解. (2)实际问题经抽象概括后，已知量与未知量涉及两个或两个以上的“三角形”，这时需作出这些三角形，先解条件充足的三角形，然后逐步求解其他三角形，有时需设出未知量，根据三角形的边角关系列出方程(组)，最后解方程(组).

(六)课程思政设计

教学中引入航海中缉私船的行程问题，同时普及海关缉私的主要职责，他们维护着国家利益、国门安全、社会稳定，引导学生要做一名有责任感和有爱国情怀的公民. 可以设计火炮发射的三角计算问题，以我国海军常规军事演练为载体，让学生了解我国海军，激发爱国热情.

(七)习题答案

随堂练习

1. 因为 $A+B+C=180°$，$A=45°$，$B=75°$，

所以 $C=60°$.

因为 $\dfrac{AB}{\sin C}=\dfrac{BC}{\sin A}$，

所以 $BC=\dfrac{AB}{\sin C}\times\sin A=\dfrac{2}{\frac{\sqrt{3}}{2}}\times\dfrac{\sqrt{2}}{2}=\dfrac{2\sqrt{6}}{3}\approx 2(\text{km})$.

2. 因为 $AB^2=AC^2+BC^2-2AC\cdot BC\cos\angle ACB$，

又因为 $\angle ACB=180°-20°-40°=120°$，$AB=5\ \text{km}$，$BC=2\ \text{km}$，

所以 $5^2=AC^2+2^2-2\times2\times AC\times\left(-\dfrac{1}{2}\right)$，

所以 $AC=\sqrt{22}-1(\text{km})$.

习题 2.5

水平一

1. 13.　2. $30\sqrt{2}$.

3. 因为 $A=30°$，$B=75°$，

所以$\angle ACB=75°$.

因为$\dfrac{AB}{\sin\angle ACB}=\dfrac{BC}{\sin A}$,

所以$BC=\dfrac{AB}{\sin C}\times\sin A=\dfrac{120}{\dfrac{\sqrt{6}+\sqrt{2}}{4}}\times\dfrac{1}{2}=60(\sqrt{6}-\sqrt{2})$.

所以$CD=BC\sin 75°=60(\sqrt{6}-\sqrt{2})\times\dfrac{\sqrt{6}+\sqrt{2}}{4}=60$.

所以河的宽度CD为60 m.

4. 因为$\dfrac{AB}{\sin C}=\dfrac{BC}{\sin A}$，$A=30°$，$C=45°$，$AB=10$,

所以$BC=\dfrac{AB}{\sin C}\times\sin A=5\sqrt{2}$.

所以灯塔C到B处的距离为$5\sqrt{2}$ n mile.

水平二

1. 因为$AB=14$，$BC=10$，$C=60°$,

又因为$AB^2=AC^2+BC^2-2AC\cdot BC\cos C$,

所以$196=AC^2+100-2AC\times10\times\dfrac{1}{2}$,

所以$AC=16$.

所以A，C两齿轮的中心距离为16 mm.

2. 因为$\angle ACB=15°$，$\angle ABC=30°$,

所以$\angle BAC=135°$.

因为$\dfrac{AB}{\sin\angle ACB}=\dfrac{BC}{\sin\angle BAC}$,

所以$BC=\dfrac{AB}{\sin\angle ACB}\times\sin\angle BAC=25(\sqrt{3}+1)$.

所以$CD=BC\sin 60°=25(\sqrt{3}+1)\times\dfrac{\sqrt{3}}{2}=\dfrac{25(3+\sqrt{3})}{2}\approx59$.

所以山高CD为59 m.

单元检测

水平一

1. (1)A. (2)A. (3)B. (4)C. (5)D. (6)C. (7)A.

2. (1)$\dfrac{\sqrt{3}}{2}$；$\dfrac{1}{2}$；$\dfrac{\sqrt{3}}{2}$；$\dfrac{\sqrt{2}}{2}$；$\dfrac{\sqrt{2}}{2}$；$-\dfrac{\sqrt{3}}{2}$；$\dfrac{\sqrt{3}}{2}$；$\dfrac{1}{4}$；$\sqrt{3}$. (2)$\dfrac{\pi}{2}$；1；-3. (3)$3\sqrt{7}$；$\dfrac{9\sqrt{3}}{2}$. (4)60°或120°.

3. (1)因为$\sin\alpha=\dfrac{12}{13}$，$\cos\beta=-\dfrac{4}{5}$，$\alpha\in\left(\dfrac{\pi}{2},\ \pi\right)$，$\beta\in\left(\pi,\ \dfrac{3\pi}{2}\right)$,

所以$\cos\alpha=-\dfrac{5}{13}$，$\sin\beta=-\dfrac{3}{5}$，$\tan\alpha=-\dfrac{12}{5}$，$\tan\beta=\dfrac{3}{4}$，所以$\sin(\alpha+\beta)=\sin\alpha\cos\beta+\cos\alpha\sin\beta=$

$\frac{12}{13}\times\left(-\frac{4}{5}\right)+\left(-\frac{5}{13}\right)\times\left(-\frac{3}{5}\right)=-\frac{33}{65}$，$\cos(\alpha-\beta)=\cos\alpha\cos\beta+\sin\alpha\sin\beta=\left(-\frac{5}{13}\right)\times\left(-\frac{4}{5}\right)+\frac{12}{13}\times\left(-\frac{3}{5}\right)=-\frac{16}{65}$，$\tan(\alpha+\beta)=\frac{\tan\alpha+\tan\beta}{1-\tan\alpha\tan\beta}=\frac{-\frac{12}{5}+\frac{3}{4}}{1-\left(-\frac{12}{5}\right)\times\frac{3}{4}}=-\frac{33}{56}$.

(2)左边$=\frac{\cos^2\alpha+\sin^2\alpha-2\sin\alpha\cos\alpha}{\cos^2\alpha-\sin^2\alpha}=\frac{(\cos\alpha-\sin\alpha)^2}{(\cos\alpha+\sin\alpha)(\cos\alpha-\sin\alpha)}=\frac{\cos\alpha-\sin\alpha}{\cos\alpha+\sin\alpha}=\frac{1-\tan\alpha}{1+\tan\alpha}=$右边.

(3)因为 $B=135°$，$C=15°$，所以 $A=30°$.

所以 B 为最大角，

所以 b 是最长边.

因为$\frac{a}{\sin A}=\frac{b}{\sin B}$，

所以 $b=\frac{a}{\sin A}\times\sin B=12\sqrt{2}$.

所以这个三角形的最长边的长为 $12\sqrt{2}$.

水平二

1. 因为 $\cos(\alpha-\beta)=\frac{3}{5}$，$\cos(\alpha+\beta)=\frac{12}{13}$，$\alpha-\beta\in\left(0,\ \frac{\pi}{2}\right)$，$\alpha+\beta\in(0,\ \pi)$，

所以 $\sin(\alpha-\beta)=\frac{4}{5}$，$\sin(\alpha+\beta)=\frac{5}{13}$. 所以 $\cos 2\alpha=\cos[(\alpha-\beta)+(\alpha+\beta)]=\cos(\alpha-\beta)\cos(\alpha+\beta)-\sin(\alpha-\beta)\sin(\alpha+\beta)=\frac{16}{65}$.

2. (1)因为 $f(x)=\frac{\sqrt{3}}{2}\times 2\sin x\cos x+\frac{1}{2}(2\cos^2x-1)=\cos\frac{\pi}{6}\sin 2x+\sin\frac{\pi}{6}\cos 2x=\sin\left(2x+\frac{\pi}{6}\right)$，

所以 $T=\frac{2\pi}{2}=\pi$.

(2)因为$-\frac{\pi}{6}\leqslant x\leqslant\frac{2\pi}{3}$，

所以$-\frac{\pi}{6}\leqslant 2x+\frac{\pi}{6}\leqslant\frac{3\pi}{2}$，

所以 $f(x)_{\max}=\sin\frac{\pi}{2}=1$，$f(x)_{\min}=\sin\frac{3\pi}{2}=-1$.

3. 因为$\angle CAD=\angle ACD=45°$，

所以 $CD=AD$.

因为 $\tan 60°=\frac{10+CD}{CD}=\sqrt{3}$，

所以 $CD=5(\sqrt{3}+1)\approx 14$.

所以山高 CD 约为 14 m.

五、教学评价建议

(一)学业质量要求

根据《课程标准》要求，本单元课程内容学业质量要求如表 2-2.

表 2-2　第二单元学业质量要求

课程内容	质量描述	
	水平一	水平二
三角计算	在熟悉的单一情境中： 1. 知道两角差的余弦公式的推导过程，会由两角差的余弦公式推导两角和与两角差的正弦公式、正切公式，会用和角公式进行求值、化简和证明； 2. 知道二倍角公式的推导过程，会用二倍角公式进行求值、化简和证明； 3. 知道正弦型函数与正弦函数之间的关系；知道用“五点法”画正弦型函数在一个周期上的简图的过程； 4. 知道正弦定理和余弦定理的推导过程，知道它们在解三角形中的作用	在熟悉的关联情境中： 1. 达到水平一的 1～4； 2. 能根据正弦型函数的图像领会其性质，会用“五点法”画正弦型函数在一个周期上的简图； 3. 会用正弦定理和余弦定理解三角形； 4. 能通过数学建模，解决简单的与三角计算有关的实际问题

(二)参考例题与说明

例 1　求 $\sin 105°$ 的值.

解　
$$\begin{aligned}\sin 105° &= \sin(45°+60°)\\ &= \sin 45°\cos 60°+\cos 45°\sin 60°\\ &= \frac{\sqrt{2}}{2}\times\frac{1}{2}+\frac{\sqrt{2}}{2}\times\frac{\sqrt{3}}{2}\\ &= \frac{\sqrt{2}+\sqrt{6}}{4}.\end{aligned}$$

说明：本例题为单一情境下用两角和的正弦公式求值，主要考查学生数学运算的学科素养，属于学业水平一的要求.

例 2　在△ABC 中，$a=3$，$b=8$，$C=60°$，求 c.

分析　已知三角形的两条边及其夹角求第三条边可以直接用余弦定理.

解　因为 $c^2=a^2+b^2-2ab\cos C=3^2+8^2-2\times3\times8\cos 60°=49$，

所以 $c=7$.

说明：本例题为单一情境下用余弦定理解三角形，主要考查学生数学运算的学科素养，属于学业水平一的要求.

例 3　求下列函数的周期、最大值和最小值.

(1) $y=\frac{\sqrt{3}}{2}\sin x+\frac{1}{2}\cos x$；

(2) $y=\sin 2x-\cos 2x$.

解　(1) $y=\frac{\sqrt{3}}{2}\sin x+\frac{1}{2}\cos x=\cos\frac{\pi}{6}\sin x+\sin\frac{\pi}{6}\cos x=\sin\left(x+\frac{\pi}{6}\right)$.

因为 $A=1$，$\omega=1$，所以函数的周期为 2π，最大值为 1，最小值为 -1.

$$(2)\ y=\sin 2x-\cos 2x=\sqrt{2}\left(\frac{1}{\sqrt{2}}\sin 2x-\frac{1}{\sqrt{2}}\cos 2x\right)$$
$$=\sqrt{2}\left(\cos\frac{\pi}{4}\sin 2x-\sin\frac{\pi}{4}\cos 2x\right)$$
$$=\sqrt{2}\sin\left(2x-\frac{\pi}{4}\right).$$

因为 $A=\sqrt{2}$，$\omega=2$，所以函数的周期为 π，最大值为$\sqrt{2}$，最小值为$-\sqrt{2}$.

说明：本例题为关联情境下能根据正弦型函数的图像及其性质求解，主要考查学生数学运算和逻辑推理的学科素养，属于学业水平二的要求.

例 4 在$\triangle ABC$ 中，$a=3$，$b=\sqrt{5}$，$c=\sqrt{2}$.

(1)求最大角的余弦值；

(2)判断三角形的形状.

分析 在三角形中，根据大边对大角得出 A 角最大. 判断三角形的形状就看最大角的余弦值，若其值为正，则最大角是锐角；若其值为负，则最大角是钝角.

解 (1)因为 $a>b>c$，所以 A 角最大. 根据余弦定理的变形公式，得

$$\cos A=\frac{b^2+c^2-a^2}{2bc}=\frac{(\sqrt{5})^2+(\sqrt{2})^2-3^2}{2\times\sqrt{5}\times\sqrt{2}}=-\frac{\sqrt{10}}{10}.$$

(2)因为 $\cos A<0$，所以 A 为钝角，所以$\triangle ABC$ 为钝角三角形.

说明：本例题为关联情境下用余弦定理解三角形，主要考查学生数学运算和逻辑推理的学科素养，属于学业水平二的要求.

例 5 一艘轮船在海面 A 处测得灯塔 B 在北偏东 30°的方向上，该船再沿北偏东 75°方向以每小时 10 n mile 的速度行驶，1 小时后到达 C 处，从此处观测灯塔 B 正好在正北方向上. 求 BC 的距离.

解 如图 2-2 所示，由题意可得，$\angle BAC=75°-30°=45°$，$B=30°$，

由 $s=vt$ 得 $AC=1\times10=10$(n mile).

在$\triangle ABC$ 中，由正弦定理得$\frac{AC}{\sin B}=\frac{BC}{\sin\angle BAC}$，

所以 $BC=\frac{AC\sin 45°}{\sin 30°}=\frac{10\times\frac{\sqrt{2}}{2}}{\frac{1}{2}}=10\sqrt{2}$(n mile).

所以 BC 的距离为 $10\sqrt{2}$ n mile.

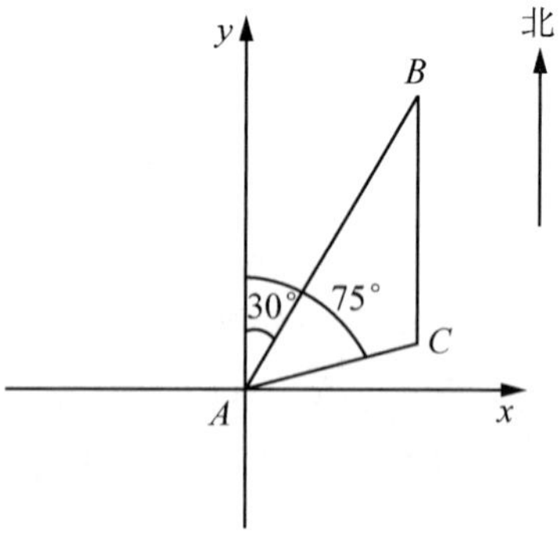

图 2-2

说明：本例题为单一情境下能通过数学建模解决简单的与三角计算有关的实际问题，主要考查学生数学运算和数学建模的学科素养，属于学业水平二的要求.

六、教学资源拓展

(一)教学案例

1. 授课题目：余弦定理

2. 授课班级：高二年级某班

3. 内容分析

本节是北京师范大学出版社出版（简称北师大社版）的“十四五”职业教育国家规划教材《数学（拓展模块一上册）》第二单元第四节“解三角形”第二课时的教学内容. 余弦定理是关于任意三角形边角之间的另一定理，是解决有关三角形问题与实际应用问题（如测量等）的重要定理，它将三角形的边和角有机地结合起来，实现了“边”和“角”的互化，从而使“三角”与“几何”有机地结合起来，为求与三角形有关的问题提供了理论依据，同时也为判断三角形的形状和证明三角形中的等式提供了重要的依据. 最后通过两个例题巩固对余弦定理的应用.

4. 学情分析

在学习本节课之前，学生已经学习了正弦定理的内容，初步掌握了正弦定理的证明及应用，并明确了用正弦定理可以来解哪些类型的三角形. 在此基础上，教师可以创设一个“已知三角形两边及夹角”来解三角形的实际例子，学生发现不能用上一节所学的知识来解决这一问题，从而引发学生的学习兴趣，引出这一节的内容. 在余弦定理的教学中，考虑到它比正弦定理形式上更加复杂，教师可以有目的地提供一些研究素材，并进行必要的启发和引导，让学生进行思考，通过类比、联想、质疑、探究等步骤，辅以小组合作学习，建立猜想，获得命题，再想方设法去证明. 在用两种不同的方法证明余弦定理时，学生可能会遇到证明思路上的困难，教师可以适当进行点拨.

5. 教学目标

（1）**知识目标**：初步掌握用余弦定理解三角形的方法.

（2）**能力目标**：能够用余弦定理解三角形.

（3）**素养目标**：引导学生通过观察、推导、比较，由特殊到一般归纳出余弦定理，培养学生的创新意识和观察与逻辑思维能力；通过学生之间、师生之间的交流、合作和评价，调动学生的主动性和积极性，给学生成功的体验，培养学生学习数学兴趣和热爱科学、勇于创新的精神.

6. 教学重难点

重点：余弦定理及其应用；

难点：余弦定理的证明.

7. 教法学法

教学方法：启发式教学法、探究式教学法、演练式教学法.

学习方法：观察类比法、自主探究法、分析归纳法.

8. 教学资源：多媒体一体机、互动学习平台、微课等.

9. 教学过程

<table>
<tr><th colspan="2">教学环节</th><th>教学内容</th><th>师生活动</th><th>设计意图</th></tr>
<tr><td colspan="2">课前准备、自主学习</td><td>1. 复习勾股定理、正弦定理；
2. 预习余弦定理</td><td>检查并点评学生任务完成情况，学生查看并修改</td><td>检查知识储备，培养自主学习习惯</td></tr>
<tr><td>课中</td><td>环节一：创设情境（5分钟）</td><td>一、问题情境
千岛湖上有 A，B，C 三个岛屿，要测量 A，C 岛屿之间的距离，但是 A，C 岛屿之间被其他岛屿隔开，难以直接测量，如何能够有效测量距离呢？

</td><td>（1）教师：播放千岛湖视频并抛出问题；
（2）学生：欣赏视频并思考问题；
（3）教师：引导学生发现岛屿 A 与岛屿 B，岛屿 C 与岛屿 B 之间的距离容易测；
（4）学生：尝试用数学语言去刻画实际问题</td><td>让学生欣赏千岛湖美丽的风景，感受祖国大好河山的壮丽秀美，培养对祖国的热爱. 让学生用数学语言去刻画实际问题，让学生感受到数学和生活密切相关</td></tr>
</table>

续表

教学环节		教学内容	师生活动	设计意图
课中	环节一： 创设情境 (5分钟)	实际问题的数学语言描述： 在$\triangle ABC$中，已知$AB=6$ km，$BC=3.4$ km，$B=120°$，求AC. 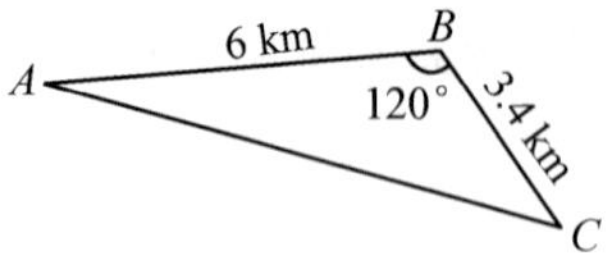 用正弦定理能否直接求出AC		
	环节二： 探究定理 (3分钟)	**二、定理探究** 如图，在$\triangle ABC$中，过点C作$CD\perp AB$于点D，则 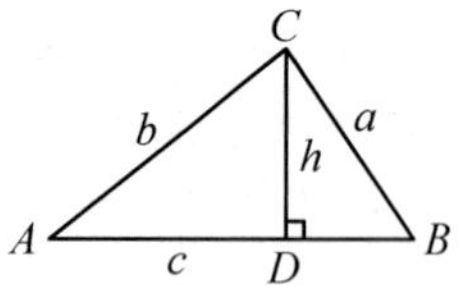 $a^2=CD^2+BD^2=b^2-AD^2+BD^2$ $=b^2+(BD+AD)(BD-AD)$ $=b^2+c\cdot(BD+AD-2AD)$ $=b^2+c\cdot(c-2AD)$ $=b^2+c^2-2c\cdot AD$ $=b^2+c^2-2bc\cos A$, 即　$a^2=b^2+c^2-2bc\cos A$. 同理可得 $b^2=a^2+c^2-2ac\cos B$; $c^2=a^2+b^2-2ab\cos C$. 可以证明，对于任意三角形上述结论都成立	(5)教师：提出问题，引出公式推导； (6)学生：了解公式推导过程	在余弦定理的推导过程中，培养学生的逻辑推理能力
	环节三： 形成定理 (7分钟)	**三、余弦定理** $a^2=b^2+c^2-2bc\cos A$; $b^2=a^2+c^2-2ac\cos B$; $c^2=a^2+b^2-2ab\cos C$. 在三角形中，以上三结论称为**余弦定理**. 余弦定理可以描述为：三角形中任意一边的平方等于其余两边的平方和减这两边与其夹角余弦乘积的两倍. 如何利用三角形三条边的长直接求解三角形内角的大小呢？余弦定理经变形也可以写成 $\cos A=\dfrac{b^2+c^2-a^2}{2bc}$; $\cos B=\dfrac{a^2+c^2-b^2}{2ac}$; $\cos C=\dfrac{a^2+b^2-c^2}{2ab}$.	(7)教师：引导学生观察定理公式的结构特征，辅助学生记忆公式； (8)学生：尝试用文字描述余弦定理； (9)教师：引导学生对公式进行变形，得到3个变式； (10)学生：发现公式中包含四个变量，可以知三求一； (11)教师：总结余弦定理解三角形的使用背景	让学生体会余弦定理的必要性，得到余弦定理能解决的三角形所满足的条件，以及余弦定理的变形. 体会在使用公式或定理时，既要会“正向使用”，也要会“逆向使用”

续表

<table>
<tr><th colspan="2">教学环节</th><th>教学内容</th><th>师生活动</th><th>设计意图</th></tr>
<tr><td rowspan="4">课中</td><td>环节三：
形成定理
（7 分钟）</td><td>总结：利用余弦定理解三角形，主要适用于以下两种情形.
(1)已知三角形的两条边和它们的夹角，求第三条边和其余两个角；
(2)已知三角形的三条边，求三个角</td><td></td><td></td></tr>
<tr><td>环节四：
应用定理
（15 分钟）</td><td>例 1　在$\triangle ABC$中，$a=3$，$b=8$，$C=60°$，求c.
解　因为$c^2=a^2+b^2-2ab\cos C$
$=3^2+8^2-2\times3\times8\times\cos 60°$
$=49$，
所以$c=7$.
练习 1　在$\triangle ABC$中，$b=3$，$c=5$，$A=60°$，求a.
练习 2　在$\triangle ABC$中，$a=2$，$b=4$，$c=2\sqrt{3}$，求C
例 2　在$\triangle ABC$中，$a=3$，$b=\sqrt{5}$，$c=\sqrt{2}$.
(1)求最大角的余弦值；
(2)判断三角形的形状.
解　(1)由$a>b>c$，可得A最大. 根据余弦定理变形公式可知，
$\cos A=\dfrac{b^2+c^2-a^2}{2bc}=\dfrac{(\sqrt{5})^2+(\sqrt{2})^2-3^2}{2\times\sqrt{5}\times\sqrt{2}}$
$=-\dfrac{\sqrt{10}}{10}$.
(2) 因为$\cos A<0$，
所以A为钝角，
所以$\triangle ABC$为钝角三角形.
练习 3　在$\triangle ABC$中，$a=6$，$b=5$，$c=10$，判断三角形的形状</td><td>(12)教师讲解例题.
学生在学案上完成练习 1 和练习 2，学生代表在黑板上完成；
(13)教师：巡视学生的计算演示过程，并进行点评</td><td>由教师分析、讲解例题部分后，让学生完成练习. 这样可以让学生及时巩固所学知识，也让学生主动参与课堂，激发他们的学习兴趣</td></tr>
<tr><td>环节五：
拓展延伸
（6 分钟）</td><td>拓展延伸：在$\triangle ABC$中，$a=1$，$b=2$，$c=\sqrt{7}$.
(1) 证明：三角形为钝角三角形.
(2) 求三角形的最大内角</td><td>(14)学生：思考拓展延伸题，并尝试解决；
(15)教师：点拨学生思维，指导学生完成拓展延伸题</td><td>拓展延伸题让学生更深刻地理解余弦定理，也拓宽了学生的数学思维. 在教师的指导下完成一个有一定难度的题目，这种教学模式符合最近发展区理论</td></tr>
<tr><td>环节六：
小结定理
（4 分钟）</td><td>余弦定理：
$a^2=b^2+c^2-2bc\cos A$；
$b^2=a^2+c^2-2ac\cos B$；
$c^2=a^2+b^2-2ab\cos C$.
推论：
$\cos A=\dfrac{b^2+c^2-a^2}{2bc}$；
$\cos B=\dfrac{a^2+c^2-b^2}{2ac}$；
$\cos C=\dfrac{a^2+b^2-c^2}{2ab}$</td><td>(16)教师：引导学生回忆本节课的内容；
(17)学生：梳理本课应会、已会、不会的知识点，形成学习过程框架图，供复习反思</td><td>教师提问，学生回答的教学模式可以培养学生总结反思能力，也可以锻炼学生的口头表达能力</td></tr>
</table>

续表

教学环节	教学内容	师生活动	设计意图
课后作业	必做：《数学(拓展模块一上册)学习指导与能力训练》基础训练填空题、选择题；选做：《数学(拓展模块一上册)学习指导与能力训练》提高训练第9题	学生根据自身水平完成作业	分层作业设计可以让每一位学生收获不同层次的作业成就感，激发他们学习的自信心

(二)文献资源参考

[1]华志远. 高品质课堂：重在优化数学任务的设计——“二倍角三角函数(2)”同课异构的设计、实录与评析[J]. 数学通报，2021，60(08)：39-42.

[2]高长玉. 指向核心素养的两角差的余弦公式教学再设计[J]. 数学通报，2018，57(12)：30-32+62.

[3]付钰，张景斌. 中美数学教材三角函数习题的比较研究[J]. 数学教育学报，2018，27(03)：14-18.

[4]沈威，曹广福. 高中三角函数教育形态的重构[J]. 数学教育学报，2017，26(06)：14-21+71.

[5]王礼勇，李芳，方均斌. 精在留白处 神于立破点——以一堂解三角形复习课留白艺术为例[J]. 数学通报，2016，55(05)：25-28+33.

[6]谢尚志. 课例：正弦定理和余弦定理习题课[J]. 数学通报，2016，55(05)：29-33.

[7]高红志，陈雪梅. 思维视角下数学教师专业发展的探索——基于四节同课异构课“正弦定理”的课堂教学案例分析[J]. 数学教育学报，2016，25(02)：66-69.

[8]戴圩章. “以生为本”从新课导入开始——以两角和与差的余弦公式教学为例[J]. 数学通报，2015，54(09)：38-41.

[9]朱胜强. 两角和差余弦公式的探究性教学[J]. 数学通报，2013，52(09)：49-50+55.

[10]杨军，田宏根，张静. 基于过程视角的正弦定理教学的问题分析[J]. 数学教育学报，2012，21(06)：31-34.

[11]王文彬. 余弦定理的逆定理及其应用[J]. 数学通报，2012，51(06)：42+44.

[12]齐新发，连春兴. 解三角形的“探究与发现”[J]. 数学通报，2011，50(09)：41-44.

[13]黄汉禹. 对正弦定理和余弦定理的研讨[J]. 数学通报，2011，50(06)：21-23+26.

[14]杨育池. 多一点精心预设 融一份动态生成——《两角差的余弦公式》的教学设计[J]. 数学通报，2009，48(11)：34-38+41.

[15]张跃红. “余弦定理”一课的教学设计[J]. 数学通报，2007(08)：39-41.

[16]廖泽春. 关于正弦定理、余弦定理的注记[J]. 数学通报，2004(04)：32-33.

[17]管理河. 高中数学教学中的数学情境与提出问题——“正弦定理(一)”教学案例[J]. 数学教育学报，2002(04)：94-97.

(三)职教高考真题展示

1.(2023广东)函数 $f(x)=3\sin\left(4x+\frac{3\pi}{4}\right)$ 的最小正周期是(　　).

A. 2π　　B. $\frac{3}{4}\pi$　　C. $\frac{\pi}{2}$　　D. $\frac{\pi}{4}$

2.（2022 广东）函数 $f(x)=4\sin\left(6x+\frac{5\pi}{6}\right)$ 的最小正周期是（　　）.

A. $\frac{\pi}{6}$　　B. $\frac{\pi}{3}$　　C. $\frac{\pi}{2}$　　D. $\frac{5\pi}{6}$

3.（2022 重庆）$y=\cos 2x$ 的最小正周期为（　　）.

A. $\frac{\pi}{2}$　　B. 2　　C. π　　D. 2π

4.（2020 浙江）函数 $y=\sin x\cos x$ 的最小正周期为（　　）.

A. $\frac{\pi}{2}$　　B. π　　C. 2π　　D. 1

5.（2018 浙江）函数 $y=\sin x\cos x+\frac{\sqrt{3}}{2}\cos 2x$ 的最小值和最小正周期分别为（　　）.

A. 1，π　　B. -1，π　　C. 1，2π　　D. -1，2π

6.（2017 浙江）已知函数 $f(x)=3\sin x+\sqrt{3}\cos x$，则 $f\left(\frac{\pi}{12}\right)$ 为（　　）.

A. $\sqrt{6}$　　B. $2\sqrt{3}$　　C. $2\sqrt{2}$　　D. $2\sqrt{6}$

7.（2021 重庆）设 $x\in\left[-\frac{\pi}{4},\ \frac{\pi}{8}\right]$，则 $\cos^2 x-\sin x\cos x$ 的取值范围为（　　）.

A. $\left[0,\ \frac{1}{2}\right]$　　B. $\left[-\frac{1}{2},\ 1\right]$　　C. $\left[\frac{1}{2},\ \frac{1+\sqrt{2}}{2}\right]$　　D. $\left[1,\ \frac{1+\sqrt{2}}{2}\right]$

8.（2022 浙江）函数 $f(x)=2\sin x\cos x$ 在 $[0,\ 2\pi]$ 上的图像是（　　）.

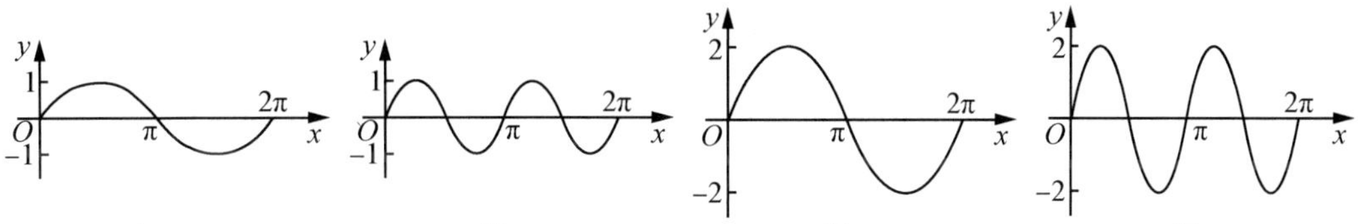

9.（2021 重庆）在△ABC 中，内角 A，B，C 所对的边分别为 a，b，c，且 $a=3$，$c=2$，$\cos A=-\frac{4}{5}$，则 $\sin C$ 为（　　）.

A. $\frac{1}{5}$　　B. $\frac{2}{5}$　　C. $\frac{3}{5}$　　D. $\frac{4}{5}$

10.（2022 重庆）在△ABC 中，内角 A，B，C 所对的边分别为 a，b，c，且 $a=2\sqrt{2}$，$b=3$，$C=\frac{\pi}{4}$，则 c 为（　　）.

A. $\sqrt{5}$　　B. $\sqrt{11}$　　C. 5　　D. $\sqrt{29}$

11.（2023 广东）已知 $\frac{\pi}{4}<\alpha<\frac{3\pi}{4}$，且 $\cos\left(\alpha-\frac{\pi}{4}\right)=\frac{3}{5}$，则 $\sin\alpha=$________.

12.（2017 浙江）已知 $\sin(\pi-\alpha)=\frac{1}{3}$，则 $\cos 2\alpha=$________.

13.（2018 浙江）已知 $\cos 2\alpha=\frac{7}{25}$，且 $\alpha\in\left(0,\ \frac{\pi}{2}\right)$，则 $\tan\alpha=$________.

14.（2022 浙江）函数 $f(x)=\sqrt{3}\sin 3x+\cos 3x+6$ 的最小值是________.

15.（2020 浙江）函数 $y=4\sin(x+\pi)+\cos(\pi-x)$ 的最大值为________.

16.(2020 重庆)设函数 $f(x)=\dfrac{1-\sin 2x}{1+\cos 2x}$.

(1)求 $f(x)$的定义域;

(2)若 $\tan\alpha=\dfrac{1}{3}$，求 $f(\alpha)$的值.

17.(2022 广东)在$\triangle ABC$ 中，内角 A，B，C 的对边分别为a，b，c，已知 $A=\dfrac{\pi}{6}$，$B=\dfrac{\pi}{4}$.

(1)求 $\sin C$ 的值;

(2)若 $a=\sqrt{2}$，求$\triangle ABC$ 的周长.

18.(2021 浙江)在$\triangle ABC$ 中，已知 $a^2+c^2-b^2=-ac$.

(1)求 B;

(2)设$\triangle ABC$ 为等腰三角形，且 $S_{\triangle ABC}=4\sqrt{3}$，求 b.

19.(2022 浙江)已知 $\alpha\in\left(0,\dfrac{\pi}{2}\right)$，且 $\tan 2\alpha=\dfrac{4}{3}$，求:

(1)$\tan\alpha$;

(2)$\cos^4\alpha-\sin^4\alpha$.

参考答案

1.C. 2.B. 3.C. 4.B. 5.B. 6.A. 7.C. 8.B. 9.B. 10.A.

11. $\dfrac{7\sqrt{2}}{10}$.

12. $\dfrac{7}{9}$.

13. $\frac{3}{4}$.

14. 4.

15. $\sqrt{17}$.

16. (1) $1+\cos 2x\neq 0$，$\cos 2x\neq -1$，$2x\neq \pi+2k\pi$，$k\in \mathbf{Z}$，则 $f(x)$ 的定义域为 $\left\{x \mid x\neq \frac{\pi}{2}+k\pi,\ k\in \mathbf{Z}\right\}$.

(2) $f(x)=\frac{\sin^2 x+\cos^2 x-2\sin x\cos x}{2\cos^2 x}=\frac{1}{2}\tan^2 x+\frac{1}{2}-\tan x=\frac{2}{9}$.

17. (1) $\sin C=\sin(\pi-A-B)=\sin\frac{7\pi}{12}=\frac{\sqrt{6}+\sqrt{2}}{4}$.

(2) 由 $\frac{a}{\sin A}=\frac{b}{\sin B}=\frac{c}{\sin C}$，得 $b=2$，$c=\sqrt{3}+1$，则 $\triangle ABC$ 的周长为 $3+\sqrt{2}+\sqrt{3}$.

18. (1) 由题意得 $\cos B=-\frac{1}{2}$，所以 $B=120°$.

(2) $S=\frac{1}{2}a^2\cdot\sin 120°$，所以 $a=4$，$b=4\sqrt{3}$.

19. (1) $\tan\alpha=\frac{1}{2}$.

(2) $\cos^4\alpha-\sin^4\alpha=\cos^2\alpha-\sin^2\alpha=\frac{\cos^2\alpha-\sin^2\alpha}{\cos^2\alpha+\sin^2\alpha}=\frac{3}{5}$.

第三单元　数列

一、单元定位

数列是中职数学的重要内容，也是高等教育高等数学的基础．数列是一类特殊的函数，通过数列与函数之间的关系，不仅可以加深学生对数列概念的认识，还可以促进学生运用函数的观点研究数列的一些问题．本单元的学习能让学生理解数列、等差数列、等比数列的概念并掌握相关的计算．本单元的学习不仅需要运用观察、分析、归纳、猜想等数学思想方法，还要综合运用前面所学的知识解决数列的一些问题，这都有助于提升学生的数学运算、逻辑推理、数学抽象和数学建模等教学核心素养，有助于培养学生发现问题、解决问题的能力．

二、教学要求

本单元内容包含数列的概念、等差数列、等比数列及数列的实际应用举例．完成教学大约需要11学时，具体要求和学时分配建议见表3-1．

表3-1　第三单元具体要求和学时分配建议

主要内容	具体要求	学时分配
3.1 数列的概念	了解数列及相关概念；理解数列的通项公式	2学时
3.2 等差数列	了解等差数列的概念；了解等差数列前 n 项和公式的推导过程；掌握等差数列的通项公式及前 n 项和公式	3学时
3.3 等比数列	了解等比数列的概念；了解等比数列前 n 项和公式的推导过程；掌握等比数列的通项公式及前 n 项和公式	3学时
3.4 数列的实际应用举例	初步掌握从实际情境中抽象出等差数列和等比数列模型解决简单实际问题的方法	2学时
灵活安排	复习与小结	1学时
合计		11学时

三、教材分析

(一)单元知识导图(图 3-1)

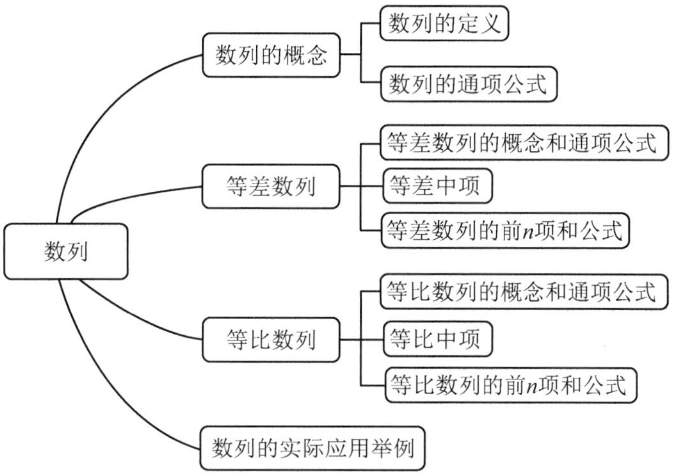

图 3-1　第三单元知识导图

(二)教材编写思路

教材中本单元主要采用情境法教学，即“生活实例—概念—实际应用”的教学路径. 教材的逻辑顺序是：“数列的概念”→“等差数列的定义”→“等差数列的通项公式”→“等差数列的前 n 项和”→“等比数列的定义”→“等比数列的通项公式”→“等比数列的前 n 项和”→“数列的实际应用举例”. 教材从单元序语的“国际象棋的发明”故事入手，通过多个生活情境逐步抽象出数列的概念，以数列中的项为切入点，介绍数列的分类、通项、常数列；通过计算“棋盘”上摆放麦子的颗数，归纳得出数列中的第 n 项 a_n 与项数 n 之间的关系，引出数列通项公式的概念；通过观察几个具体数列的共同特征，抽象概括出等差数列的定义，并介绍等差中项的性质；通过“数学王子——高斯”的故事得出求等差数列前 n 项和的思路；通过分析“国际象棋”格子上放的麦粒颗数的特点，引出等比数列的定义，类比等差数列，进一步给出等比数列的通项公式、性质以及前 n 项和公式；通过“数学园地”栏目拓展知识，学生阅读了解“几何级数”与数列的关系；设“单元小结”，通过学习导图总结归纳数列的知识内容，对数列的概念、等差数列和等比数列等重点知识进行学习指导；最后通过两种水平的单元检测题来评价学生的学业质量，这样编排教材，既符合中职学生学习的认知规律，也满足课程内容的要求.

(三)单元教学目标

知识目标：理解数列的通项公式；掌握等差数列的通项公式及前 n 项和公式，等比数列的通项公式及前 n 项和公式；了解数列及相关概念，等差数列的概念，等差数列前 n 项和公式的推导，等比数列的概念，等比数列前 n 项和公式的推导；初步掌握从实际情境中抽象出等差数列和等比数列模型解决简单实际问题的方法.

能力目标：能够根据数列前几项的特征，写出数列的通项公式；能够根据通项公式求数列的某一项；能够直接利用等差、等比数列的通项公式及前 n 项和公式进行简单的计算；能够通过数学建模，解决与数列有关的简单实际问题.

素养目标：在等差数列、等比数列概念的形成过程中，培养学生数学抽象素养；在引导学生用数列模型解决实际问题的过程中，培养学生的数学建模素养；在进行等差、等比数列的通项公式及前 n 项和公式简单计算过程中，培养学生数学运算素养；在数列的学习过程中，培养学生勇于探索、独立思考的能力.

(四)单元重难点

重点：数列的概念、等差数列的定义、等比数列的定义、通项公式、前 n 项和公式以及应用；
难点：等比数列公式的推导，等差数列和等比数列的综合应用.

四、教材教学建议

3.1 数列的概念

(一)教学准备

教师授课前，准备生产、生活中学生熟悉的数列素材以及与数列有关的历史故事，如我国运动员在奥运会中的图片、视频等素材.

(二)教学内容

本节主要内容是数列的概念、数列的分类、数列的通项公式.

(三)教学目标

知识目标：理解数列的通项公式；掌握等差数列的通项公式及前 n 项和公式；了解数列及相关概念.

能力目标：能够根据数列前几项的特征，写出数列的通项公式；能够根据通项公式求数列的某一项.

素养目标：在数列通项公式的求解过程中，培养学生的观察能力和逻辑推理能力；在具体的生活情境问题中，让学生体会数学与生活的密切联系，激发学生数学学习的兴趣.

(四)教学重难点

重点：数列的概念及其通项公式；
难点：一般数列通项公式的求法.

(五)教学提示

序号	教学提示
1	教材从几个具体的实例入手，引出数列的定义：数列是按照一定的次序排成的一列数.学生往往不易理解什么是“一定的次序”. 实际上，不论能否表述出来，只要写出来，就等于给出了“次序”，比如说我们随便写出两列数：2，1，15，3，243，23 与 1，15，23，2，243，3 就都是按照“一定的次序”排成的一列数，因此它们都是数列，但它们的排列“次序”不一样，因此是不同的数列. “项”与“项数”的区别，教师应当予以强调.

续表

序号	教学提示
2	教材介绍了数列通项公式的定义，并通过观察实例归纳出通项公式的定义．通项公式是表示数列中第 n 项 a_n 与其项数 n 之间关系的式子．要注意：并不是所有的数列都能够写出通项公式，如由圆周率 π 的不足近似值构成的数列 3，3.1，3.14，3.141，3.1415，…就很难写出它的通项公式．教师可根据情况做简要说明．
3	当给定通项公式时，数列就被唯一确定了，但对于一个只给定了有限项的数列，其通项公式可能不唯一，如 5，10，15，…，其中一个通项公式是 $a_n=5n$，而 $a_n=n^3-6n^2+16n-6$ 也是这个数列的一个通项公式．通常我们选取逻辑关系相对简单的一个通项公式．
4	从函数的观点来看，数列中的项是其项数的函数，只不过自变量只能取正整数．数列就是自变量依次取正整数时，对应函数值的顺次排列．所以数列又叫作整标函数．数列的通项公式 $a_n=f(n)$ 就是相应函数的解析式．因此，数列也可以用图像来表示，数列的图像是一些离散的点，依次列出数列中的项来表示数列，可以称为“列举法”；用通项公式来表示数列，如 $\{n^2\}$，可以称为“描述法”，这种表述方法教师简单介绍即可．
5	教材第 3.1.2 节中的例 1 和例 3 是基础性题目，前者是利用通项公式写出数列中的项；后者是利用通项公式判断一个已知数是否为数列中的项，是通项公式的逆向应用．教材第 3.1.2 节中的例 2 是思维拓展性题目，教师要指导学生分析项数与该项的对应关系，不能泛泛而谈，要引领学生有序地进行分析．

(六)课程思政设计

1. 在数列概念的讲解中，可设计我国奥运会运动健儿历年获得金牌数目的案例，引导学生理解数列的定义，如“从 1984 年到 2020 年，我国体育健儿共参加了 10 届奥运会，获得的金牌数可以排成一列数：15，5，16，16，28，32，48，38，26，38”，渗透爱国主义教育，增强学生的国家荣誉感．

2. 在数列通项公式的讲解中，加入“国际象棋发明”的故事，通过分析格子的序号与对应格子的麦粒数建立一一对应关系，并从中找到规律，即麦粒数都是 2 的整数次幂，对应的幂次都是比相应的表格序号数小 1，所以第 25 格的麦粒数是 2^{24}，第 n 格的麦粒数是 2^{n-1}．通过故事渗透数学文化知识，进行数学人文精神教育．

(七)习题答案

3.1.1　数列的定义

随堂练习

1.(1)不是．(2)不是．

2.$a_3=5$，$a_5=9$．

3. 有穷数列：1，2，3，4，5；无穷数列：1，2，3，4，5，…．

3.1.2　数列的通项公式

随堂练习

1. 前 4 项分别为 -1，2，-3，4．

2. (1) $a_n=10^n-1$.

(2) $a_n=(n+1)^2$.

(3) $a_n=\dfrac{1+(-1)^{n+1}}{2}$.

3. 令 $3n+1=45$，得 $n=\dfrac{44}{3}$，不是整数，所以 45 不是数列 $\{3n+1\}$ 中的项.

习题 3.1

水平一

1. A.

2. C.

3. -1024.

4. (1) $a_n=2$.

(2) $a_n=2^n$.

(3) $a_n=\dfrac{1}{n(n+1)}$.

5. 是，第 7 项(提示：由 $n^2-n-20=22$，解得 $n=-6$(舍去)或 $n=7$).

水平二

1. (1) $a_n=\dfrac{7}{9}(10^n-1)$.

(2) $a_n=(-1)^{n+1}\cdot 2^n$.

2. 前 5 项分别为 2，4，8，14，22；$a_n=n^2-n+2$(提示：令 $n=1$，$a_2=a_1+2\times 1=4$；令 $n=2$ 再求出 a_3，依次往后).

3.2 等差数列

(一)教学准备

1. 教师授课前，学生应储备以下知识：对数列的知识有了初步的接触和认识.

2. 教师授课前准备生产、生活中学生熟悉的等差数列的素材以及与数列有关的数学故事. 如高斯从 1 到 100 求和的故事.

(二)教学内容

本节主要内容是等差数列的概念、等差中项、等差数列的通项公式、等差数列前 n 项和公式.

(三)教学目标

知识目标： 掌握等差数列的通项公式及前 n 项和公式；了解等差数列的概念，等差数列前 n 项和公式的推导过程.

能力目标： 会求等差数列的通项公式、等差中项、前 n 项和.

素养目标： 在等差数列概念的形成过程中，培养学生观察、分析、归纳、推理的能力，渗透由特殊到一般的思想；在进行等差数列通项公式及前 n 项和公式的计算过程中，培养学生数学运算素养.

(四)教学重难点

重点： 等差数列的概念及其通项公式，等差数列前 n 项和公式；

难点： 等差数列前 n 项和公式的推导.

(五)教学提示

序号	教学提示
1	在等差数列的定义中，要特别强调这个“差”是相邻两项的后一项与前一项的差值. 等差数列的通项公式的推导过程，实际上是一个无限次迭代的过程，所用的归纳方法是不完全归纳法，因此，公式的正确性还应该用数学归纳法加以证明，不需要向学生强调，但是教师要清楚这点.
2	思维发散板块提到：一般地，在等差数列中，若 n，m 都是正整数，则由定义可以推得关系式：$a_n=a_m+(n-m)d$. 这个关系式揭示了等差数列任意两项之间的内在联系，如果掌握了这个性质，我们便可以更好、更快地解决与等差数列相关的问题.
3	特别提示中指出：在解题时，若 3 个数成等差数列，则常将这 3 个数设成 $a-d$，a，$a+d$. 可以看到，这样设的好处是这 3 个数的和正好等于 $3a$，很容易将 a 求出. 若将这 3 个数设成 a，$a+d$，$a+2d$，计算起来就比较麻烦.
4	高斯的配对思想是：在一个等差数列中，若 m，n，k，l 均为正整数，且有 $m+n=k+l$，那么就一定有 $a_m+a_n=a_k+a_l$. 教师在课堂教学中可以适当补充这个性质，方便学生更好、更快地计算数列相关问题.
5	等差数列前 n 项和公式的推导方法很重要，所用方法称作逆序相加法，应该让学生领会. 等差数列的通项公式与前 n 项和公式中共涉及 5 个量：a_1，d，n，a_n，S_n，只要知道其中的 3 个量，就可以求出另外两个量.
6	教材第 3.2.3 节中的例 1 和例 2 讲解了等差数列前 n 项和的两个公式，这里教师可以给学生讲解求和公式的选择，即当题目给出公差 d 时，考虑选择 $S_n=na_1+\frac{n(n-1)}{2}d$；当题目给出第 n 项时，考虑选择 $S_n=\frac{(a_1+a_n)n}{2}$.

(六)课程思政设计

在等差数列的概念的讲解素材中，可设计中国共产党全国代表大会召开年份构成的数列的案例，如从党的十五大到党的二十大召开的年份依次为：1997 年、2002 年、2007 年、2012 年、2017 年、2022 年，观察分析数列相邻两项的关系，进而归纳出等差数列的定义，教育学生关注时政，努力向党组织靠拢，进而培养学生坚定信念、拼搏奉献的崇高精神.

(七)习题答案

3.2.1　等差数列的概念和通项公式

随堂练习

1. $d=5$；$a_n=5n-2$.

2. $a_1=-1$；$d=3$.

3. $d=3$.

3.2.2 等差中项

随堂练习

1. $-\frac{1}{2}$.

2. 15.

3. 4，9，14，19.

3.2.3 等差数列的前 n 项和公式

随堂练习

1. 2500.

2. 116.

3. $n=7$(提示：用求和公式列方程解出未知数 n).

习题 3.2

水平一

1. B.

2. A.

3. 210.

4. 18.

5. 201.

水平二

1. 16；360(提示：由题意可得，$a_1=15$，$d=1$，$a_n=30$，求 n，S_n).

2. $n=20$；$S_n=-340$(提示：先根据 $a_n=a_1+(n-1)d$，求 n，再用公式求 S_n).

3. 4，6.

3.3 等比数列

(一)教学准备

1. 教师授课前，学生应储备以下知识：等差数列的相关知识以及对于等差数列定义、通项公式的探究方法.

2. 教师授课前准备生产、生活中学生熟悉的等比数列的素材以及数列有关的历史故事，如“国际象棋的发明”故事.

(二)教学内容

本节主要内容是等比数列的概念、等比中项、等比数列的通项公式、等比数列前 n 项和公式.

(三)教学目标

知识目标：掌握等比数列的通项公式及前 n 项和公式；了解等比数列的概念，等比数列前 n 项和公式的推导过程.

能力目标：会求已知等比数列的通项公式、等比中项、前 n 项和.

素养目标：在等比数列概念的形成过程中，培养学生观察、分析、归纳、推理的能力，渗透由特殊到一般的思想；在进行等比数列的通项公式及前 n 项和公式简单计算过程中，培养学生数学运算素养.

(四)教学重难点

重点：等比数列的概念及其通项公式、等比数列前 n 项和公式；

难点：等比数列前 n 项和公式的推导.

(五)教学提示

序号	教学提示
1	等比数列可类比等差数列进行学习，要让学生利用类比的方法去理解和记忆，并弄清楚二者之间的区别和联系. 等比数列的定义是推导通项公式的基础，教学中要给予足够的重视，同时要强调“等比”的特点：$\frac{a_{n+1}}{a_n}=q$（常数）. 特别提示指出公比 q 可正可负，但 $q\neq 0$. 并且等比数列中的任何一项都不为 0，教师要结合实例讲解清楚.
2	教材中等比数列通项公式的推导过程，实际上是一个无限次迭代的过程，所用的归纳方法是不完全归纳法. 因此，公式的正确性还应该用数学归纳法加以证明，这一点不必给学生讲，但教师要清楚. 等比数列的通项公式中含有 4 个量：a_1，q，n，a_n，只要知道其中任意 3 个量，就可以求出另外的一个量.
3	一般地，在等比数列中，若 n，m 都是正整数，且 $n>m$，则由定义可以推得关系式：$a_n=a_mq^{n-m}$. 这个关系式揭示了等比数列任意两项之间的内在联系，有时应用这种关系会给问题的解决带来便利. 教学中教师可以根据学生的接受程度选择是否需要做适当的扩展，如在教材第 3.3.1 节例 2 后面布置思考题：在等比数列$\{a_n\}$中，$a_7=\frac{1}{9}$，$q=-\frac{1}{3}$，求 a_3.
4	在等比中项的讲解中，教师要强调：a，b 必须同号才有等比中项存在. 若等比中项存在，则应有 2 个. 教材第 3.3.2 节例 1 正是对这一知识点的说明. 通过教材第 3.3.2 节例 3 的学习，我们可以得到，若 3 个数成等比数列，则将这 3 个数分别设成$\frac{a}{q}$，a，aq. 因为这样设了以后，这 3 个数的积正好等于 a^3，很容易将 a 求出.
5	在等比数列$\{a_n\}$中，若 m，n，k，l 均为正整数，且有 $m+n=k+l$，那么一定有 $a_m\cdot a_n=a_k\cdot a_l$，这是等比数列的一条重要性质. 利用这条性质会使相关计算更为方便. 比如，如果已知等比数列的第 3 项与第 12 项的乘积，那么也就相当于知道了第 1 项与第 14 项的乘积或第 2 项与第 13 项的乘积或第 4 项与第 11 项的乘积等.
6	等比数列前 n 项和公式的推导方法叫作错位相减法，这种方法很重要，应该让学生领会. 等比数列的通项公式与前 n 项和公式中含有 5 个量：a_1，q，n，a_n，S_n，只要知道其中的 3 个量，就可以求出另外两个量. 但要防止丢根.

(六)课程思政设计

在等比数列通项公式的讲解中，加入“我国第一颗原子弹爆炸成功”的案例. 原子弹是利用核裂变技术实现的，而这个核裂变技术就是按照几何级数增长的规律发生的，即在这个反应中一个中子分裂成两个，两个又分裂成四个……以此类推，导致核链式反应，在瞬间释放出巨大的能量，进而归纳等比数列的定义. 同时，提到研究原子弹的科学家的爱国情怀、工匠精神，鼓励学生要向这些“两弹一星”科学家学习，努力学习专业知识，运用自己的特长，为祖国贡献自己的一份力量.

(七)习题答案

3.3.1 等比数列的概念和通项公式

随堂练习

1. $a_3=\frac{25}{4}$.

2. $a_n=(\sqrt{2})^n=2^{\frac{n}{2}}$.

3. $q=\frac{3}{2}$.

4. $n=4$(提示：先根据 $a_n=a_1\cdot q^{n-1}$ 列方程求 n).

3.3.2 等比中项

随堂练习

1. 第 5 项.

2. 9 或 -9.

3. 3，6，12 或 12，6，3(提示：先设这三个数分别是 $\frac{a}{q}$，a，aq，根据积为 216，求出 $a=6$，则这三个数分别是 $\frac{6}{q}$，6，$6q$，列方程 $\frac{6}{q}+6+6q=21$ 求解).

3.3.3 等比数列的前 n 项和公式

随堂练习

1. $\frac{121}{243}$.

2. $\frac{129}{16}$.

3. $S_6=189$；$a_6=96$(提示：$a_6=S_6-S_5$).

习题 3.3

水平一

1. (1) -96.

(2) $\frac{5\ 115}{1\ 024}$.

2.2(提示：由 $S_5=\frac{a_1(1-q^5)}{1-q}$ 列方程).

3.27，81(提示：由 $a_1=9$，$a_4=243$ 求出 $q=3$).

4.8；15.

5.$\begin{cases}a_1=\frac{8}{5},\\ q=\frac{5}{4}\end{cases}$ 或 $\begin{cases}a_1=\frac{81}{10},\\ q=-\frac{5}{9}\end{cases}$ (提示：由 $S_3=a_1+a_2+a_3=\frac{a_3}{q^2}+\frac{a_3}{q}+a_3$ 列方程得 $\frac{\frac{5}{2}}{q^2}+\frac{\frac{5}{2}}{q}+\frac{5}{2}=6\frac{1}{10}$，两边同乘 q^2，化简得 $36q^2-25q-25=0$，解方程即可).

水平二

1.3，6，9(提示：先设三个数分别是 $a-d$，a，$a+d$，根据和为 18，求出 $a=6$，则这三个数分别是 $6-d$，6，$6+d$，这三个数分别加上 1，2，7 后是 $7-d$，8，$13+d$，由成等比，得 $8^2=(7-d)\cdot(13+d)$，解方程得 $d=3$).

2.$15\frac{1}{2}$ (提示：由 $(a_1+a_3)q^3=a_4+a_6$ 算出 $q=\frac{1}{2}$. 代入 $a_1+a_3=a_1+a_1q^2=10$ 解出 $a_1=8$).

3.4　数列的实际应用举例

(一)教学准备

1. 教师授课前，学生应储备以下知识：能够运用等差数列、等比数列的通项公式、前 n 项和公式进行计算.

2. 教师授课前准备实际生活中银行的利率等可以用等差数列或等比数列的知识加以解释的素材.

(二)教学内容

本节主要内容是综合运用前面数列的所有知识解决实际问题.

(三)教学目标

知识目标：初步掌握从实际情境中抽象出等差数列和等比数列模型，解决简单实际问题的方法.

能力目标：能够通过数学建模，解决简单的有关数列的实际问题.

素养目标：在引导学生建立数列相关数学模型解决实际问题的过程中，培养学生的数学建模素养；在运用数列相关知识解决实际生活问题的过程中，培养学生分析问题、解决问题的能力.

(四)教学重难点

重点：数列知识的综合应用；

难点：根据实际问题，建立相应的数列模型.

(五)教学提示

序号	教学提示
1	学生对实际生活背景的应用题都存在畏难情绪，教师要消除学生的这种情绪，带领学生一起来解读应用题的背景.

续表

序号	教学提示
2	本节列举了等差数列和等比数列在产品利润、奖金发放等方面的应用，使学生了解数列知识的广泛性．同时，通过应用问题的讲解可对前面所学知识进一步进行复习、巩固．
3	针对实际应用中“增长”“减少”的问题，要进行具体分析．一般地说，“增长”“减少”是具体的数量时，常用等差数列的有关知识去解决，如教材第 3.4 节例 1；“增长”“减少”是倍数、百分数时，常用等比数列的有关知识去解决，如教材第 3.4 节例 2．
4	实际生活中问题的数据是复杂的，问题的解决往往需要借助计算器，也可以让学生掌握计算器的使用方法．

(六)课程思政设计

在数列的实际应用中，可以设计改革开放 40 多年来的 GDP 变化：1978 年到 2017 年，我国国内生产总值从近 3678.7 亿元，增加到 121 万亿元，中国的经济总量占全球的比重从 1.8%跃升到 18%，中国已成为世界第二大经济体．使用这样的素材，一方面可以深化学生对数列知识的应用，另一方面也使学生了解我国改革开放以来的经济增长，让学生关心国家发展，树立良好的国家观念和民族自信．

(七)习题答案

习题 3.4

水平一

1. $8\times(1+3\%)^5$(提示：已知 $a_1=8$，$q=1+3\%$，求 a_6)．

2. $a_5\approx124.42$，$S_5\approx446.50$(提示：已知 $a_1=60$，$q=1+20\%=1.2$，求 a_5，S_5)．

水平二

2024 元

(提示：假设每月月初存入 a 元，

则第一个月存入的钱到 2 年后可以存 24 个月，利息是 $a\times0.2375\%\times24$，

第二个月的钱可以存 23 个月，利息是 $a\times0.2375\%\times23$，

本息和 $S=24a+a\times0.2375\%\times24+a\times0.2375\%\times23+a\times0.2375\%\times22+\cdots+a\times0.2375\%\times1=50000$，解得 $a=2023.27$)．

单元检测

水平一

1. (1)1；-3；16．

(2)$n+2$；$\left(-\frac{1}{3}\right)^{n-1}$；$-n$．

(3)2；5；8．

(4)210.

(5)-1346.

2.(1)C.　(2)A.　(3)C.　(4)B.　(5)D.　(6)B.　(7)B.　(8)B.　(9)A.

3.(1)$a_n=-2n+5$.

(2)-165.

(3)$S_2=4$.

4.(1)证明：令 $n=1$，则 $2S_1=a_1^2+1-4$. 因为各项均为正数，所以 $a_1=3$.

因为 $2S_n=a_n^2+n-4$，所以当 $n\geqslant 2$ 时，$2S_{n-1}=a_{n-1}^2+(n-1)-4$，

两式相减，得 $2a_n=a_n^2-a_{n-1}^2+1$，即 $(a_n-1)^2=a_{n-1}^2$，两边同时开方，

得 $a_n-1=a_{n-1}$ 或 $a_n-1=-a_{n-1}$(将 $n=2$，$a_1=3$ 代入，则 $a_2<0$，舍去).

所以 $a_n-a_{n-1}=1$，则此数列是首项为 3. 公差为 1 的等差数列.

(2)$S_n=\dfrac{n(3+n+2)}{2}=\dfrac{n(n+5)}{2}$.

水平二

1. A.
2. C.
3. A.
4. B.
5. A.
6. C.
7. A.
8. D.

9.(1)$-\dfrac{1}{2}$(提示：由 $2S_3=S_1+S_2$ 得 $2(a_1+a_1q+a_1q^2)=a_1+(a_1+a_1q)$ 解得 $q=-\dfrac{1}{2}$).

(2)$S_n=\dfrac{8}{3}\left[1-\left(-\dfrac{1}{2}\right)^n\right]$(提示：由 $a_1=4$ 得 $S_n=\dfrac{4\left[1-\left(-\dfrac{1}{2}\right)^n\right]}{1-\left(-\dfrac{1}{2}\right)}=\dfrac{8}{3}\left[1-\left(-\dfrac{1}{2}\right)^n\right]$).

10.(1)7(提示：设 n 秒相遇，则由 $2n+\dfrac{n(n-1)}{2}+5n=70$，化简得 $n^2+13n-140=0$，解方程得 $n=7$ 或 -20(舍去)).

(2)15(提示：设 n 秒相遇，则由 $2n+\dfrac{n(n-1)}{2}+5n=70\times 3$，化简得 $n^2+13n-420=0$，解方程得 $n=15$ 或 -28(舍去)).

五、教学评价建议

(一)学业质量要求

根据《课程标准》要求，本单元课程内容学业质量要求如表 3-2.

表 3-2　第三单元学业质量要求

课程内容	质量描述	
	水平一	水平二
数列	在熟悉的单一情境中： 1. 能体会数列及有关概念的抽象过程，会根据数列前几项的特征，推出满足条件的一个通项公式，会用通项公式求数列的某一项； 2. 能体会等差数列及有关概念的抽象过程，知道等差数列通项公式的归纳过程和前 n 项和公式的推导过程，能直接利用等差数列的通项公式和前 n 项及公式进行简单的计算； 3. 能体会等比数列及有关概念的抽象过程，了解等比数列通项公式的归纳过程以及前 n 项和公式的推导过程，能直接利用等比数列的通项公式及前 n 项和公式进行简单的计算	在熟悉的关联情境中： 1. 达到水平一的 1～3； 2. 会推导等差数列、等比数列的前 n 项和公式； 3. 能通过数学建模，解决简单的与等差数列、等比数列有关的实际问题

(二)参考例题与说明

例 1　数列 $\{a_n\}$ 的通项公式为 $a_n=4n-1$，写出数列的前 4 项.

解　$a_1=4\times1-1=3$，

$a_2=4\times2-1=7$，

$a_3=4\times3-1=11$，

$a_4=4\times4-1=15$.

说明：本例题为单一情境下已知数列的通项公式求数列的某一项，主要考查通项公式的定义，属于学业水平一的要求.

例 2　已知一个等差数列的首项为 -3，第 30 项为 43，求它的前 30 项和.

解　因为 $a_1=-3$，$a_{30}=43$，$n=30$，所以 $S_{30}=\dfrac{(-3+43)\times30}{2}=600$.

说明：本例题为单一情境下利用等差数列的前 n 项和公式进行简单的计算，主要考查等差数列前 n 项和公式，属于学业水平一的要求.

例 3　某企业本年度手机配件生产的利润为 50 万元，计划采用新技术新工艺，使利润保持平均每年增长 10%. 求该企业在手机配件生产这个项目上，从第 2 年开始，后 5 年的预期总利润.

解　由题意可得，本年度的利润为 50 万元；

第 2 年的预期利润为

$$50+50\times10\%=50\times(1+0.1)=50\times1.1=55(\text{万元})；$$

第 3 年的预期利润为

$$55+55\times10\%=55\times(1+0.1)=55\times1.1(\text{万元})；$$

第 4 年的预期利润为

$$55\times1.1+55\times1.1\times10\%=(55\times1.1)\times(1+0.1)=55\times1.1^2(\text{万元})；$$

第 5 年的预期利润为

$$55\times1.1^2+55\times1.1^2\times10\%=55\times1.1^2\times(1+0.1)=55\times1.1^3\text{（万元）};$$

第 6 年的预期利润为

$$55\times1.1^3+55\times1.1^3\times10\%=55\times1.1^3\times(1+0.1)=55\times1.1^4\text{（万元）}.$$

因此，这是一个 $a_1=55$，$q=1.1$，$n=5$ 的等比数列，利用等比数列的前 n 项和公式及科学计算器，可求得

$$S_5=\frac{a_1(1-q^5)}{1-q}=\frac{55\times(1-1.1^5)}{1-1.1}\approx335.78\text{（万元）}.$$

所以，该企业在手机配件生产这个项目上，5 年的预期总利润约为 335.78 万元.

说明：本例题为关联情境下通过数学建模，利用等比数列前 n 项和公式进行计算，从而解决实际问题. 主要考查数学运算、数学建模等学科核心素养，属于学业水平二的要求.

六、教学资源拓展

（一）教学案例

1. 授课题目：等差数列的概念和通项公式

2. 授课班级：高二年级某班

3. 内容分析

本节是北师大社版“十四五”国家规划教材《数学（拓展模块一上册）》的教学内容第三单元第二节“等差数列”第一课时的教学内容. 等差数列是学生探究特殊数列的开始，是数列知识的内容延续，另一方面它又为学习等差数列前 n 项公式与等比数列等内容做准备. 等差数列是从大量的数学问题和现实问题中抽象出来的一个模型，在定义生成、公式推导的过程中所蕴含的数学思想有着广泛的应用、在其他科学领域，如经济学中也有广泛应用. 定义的生成和通项公式的探究与推导需要学生观察、分析、猜想、归纳，有助于培养学生的创新思维和探索精神，是培养学生应用意识和数学能力的良好载体.

4. 学情分析

知识与技能基础：对数列的知识有了初步的接触和认识.

认知与实践基础：具有一定的理性分析能力和概括能力，对数学公式的运用已具备一定的技能，对方程思想的体会逐渐深刻，思维正处于从经验性的逻辑思维向抽象思维发展的过程，但仍需依赖具体的经验材料来理解抽象的逻辑关系.

5. 教学目标

（1）**知识目标：**掌握等差数列的通项公式；了解等差数列的概念.

（2）**能力目标：**会求已知等差数列的通项公式；已知等差数列的通项公式，会求首项和公差.

（3）**素养目标：**在等差数列概念的形成过程中，培养学生观察、分析、归纳、推理的能力，渗透由特殊到一般的思想；在运用等差数列通项公式计算时，培养学生的数学运算素养.

6. 教学重难点

重点：等差数列的概念和通项公式.

难点：等差数列通项公式的灵活运用.

7. 教法学法

教学方法：启发式教学方法、探究式教学方法.

学习方法：自主探索与合作交流.

8. 教学资源

多媒体一体机、微课.

9. 教学过程

<table>
<tr><th colspan="2">教学环节</th><th>教学内容</th><th>师生活动</th><th>设计意图</th></tr>
<tr><td colspan="2">课前准备
自主学习</td><td>观察并收集生活中的数列素材</td><td>分享所收集的数列素材</td><td>通过素材的寻找，为课上的交流做准备.</td></tr>
<tr><td rowspan="4">课中</td><td>观察思考
(3 分钟)</td><td>一、观察下面数列，思考这些数列有什么共同点.
(1)4，5，6，7，…
(2)3，0，-3，-6，…
(3)$\frac{1}{10}$，$\frac{2}{10}$，$\frac{3}{10}$，$\frac{4}{10}$，…</td><td>(1)学生：通过观察以上三个数列，可以发现：从第 2 项起，每一项与前一项的差相等</td><td>从具体实例出发，学生通过观察、分析、猜想、归纳，有助于培养学生的创新思维和探索精神</td></tr>
<tr><td>生成定义
(2 分钟)</td><td>二、等差数列的定义
一般地，如果一个数列从第 2 项起，每一项与它前一项的差都等于同一个常数，那么这个数列就叫作等差数列，这个常数就叫作公差，用 d 表示. 定义表达式：$a_n-a_{n-1}=d(n\geqslant 2$ 且 $n\in \mathbf{N}_+)$</td><td>(2)教师：请同学们仔细观察，看看这个数列有什么特点；
(3)学生：观察数列并回答；
(4)教师：总结特征，得出等差数列的定义</td><td>由特殊到一般，发挥学生的主观能动性，培养学生的归纳能力</td></tr>
<tr><td>辨析质疑
(5 分钟)</td><td>例 1　判断下列数列是否为等差数列？若是，求出公差；若不是，说明理由.
<table>
<tr><th>数列</th><th>是(否)</th><th>公差</th></tr>
<tr><td>(1)1，3，5，7，9，…</td><td></td><td></td></tr>
<tr><td>(2)9，6，3，0，-3，…</td><td></td><td></td></tr>
<tr><td>(3)5，5，5，5，5，…</td><td></td><td></td></tr>
<tr><td>(4)a，$2a$，$3a$，$4a$，…</td><td></td><td></td></tr>
<tr><td>(5)1，2，3，2，3，…</td><td></td><td></td></tr>
</table>
讨论：
1. 公差的取值范围是什么？
2. 给定一个等差数列，如何求公差？
3. 上表中的数列(3)有何特点？
结论：
(1)等差数列每一项(第 2 项起)与它的前一项的差都是同一个常数，公差可以是正数、负数，也可以为 0.
(2)求公差 d，一定要用后项减前项，而不能用前项减后项.
(3)数列 5，5，5，5，5，…也是等差数列，它的公差为 0. 特别地，公差为 0 的数列叫常数列</td><td>(5)教师：提问；
(6)学生：思考、抢答；
(7)教师：点评学生回答，并强调求公差应注意的问题；

(8)教师：提问；
(9)学生：思考，讨论，并回答问题
(10)师生：共同梳理讨论结果，特别指出公差为 0 的数列为常数列</td><td>例 1 中公差有正数、负数、0 以及字母的情况，让学生对公差的取值范围有所了解.

在讨论及得到结论的过程中，加深对等差数列定义的理解</td></tr>
<tr><td>探究公式
(8 分钟)</td><td>三、等差数列的通项公式
问题 1：已知一个等差数列$\{a_n\}$，$a_1=1$，$d=\sqrt{2}$，求 a_2，a_3，a_4 和 a_n.
问题 2：已知一个等差数列$\{a_n\}$的首项是 a_1，公差是 d，试用 a_1 和 d 表示</td><td>(11)教师：提问；
(12)学生：分组探究，归纳总结通项公式</td><td>由特殊到一般，通过问题设置，为学生自主探究搭建平台</td></tr>
</table>

续表

教学环节		教学内容	师生活动	设计意图
课中		a_2，a_3，a_4，并推导 a_n. **等差数列的通项公式**：首项是 a_1，公差是 d 的等差数列$\{a_n\}$的通项公式可以表示为：$a_n=a_1+(n-1)d(n\geqslant 2$ 且 $n\in \mathbf{N}_+)$		
课中	典例分析 （10 分钟）	**例 2** 已知等差数列的首项是 20，公差为-6，请写出这个数列的第 2 项和第 4 项. **解** 因为 $a_1=20$，$d=-6$， 所以由等差数列的定义可知 $a_2=a_1+d=14$， $a_3=a_2+d=8$， $a_4=a_3+d=2$. **例 3** 求等差数列-3，1，5，9，…的通项公式. **解** 由题意知 $a_1=-3$，$d=4$，所以 $a_n=a_1+(n-1)d=4n-7$. 练习 1 等差数列-13，-17，-21，…，-361 共有几项? **解** 由题意知， $a_1=-13$，$d=-17-(-13)=-4$， 所以 $a_n=a_1+(n-1)d$ $=-4n-9$. 令 $a_n=-361$，即$-4n-9=-361$， 解得 $n=88$，故共有 88 项	(13)教师：分析并讲解例 2； (14)学生：认真听讲并记录； (15)教师：指导学生完成例 3； (16)学生：尝试完成练习 1； (17)教师总结：等差数列的通项公式中含有 4 个量：a_1，n，a_n，d，只要知道其中任意 3 个量，就可以求出另外一个量	例 2 是对等差数列定义的巩固练习，通过示范例题的讲解，可以强化学生对数列概念的理解. 练习 1 这类问题，既可以帮助学生进一步熟悉公式，又可以提高学生的数学变形能力
课中	典例分析 （8 分钟）	**例 4** 在等差数列$\{a_n\}$中，$a_4=2$，$a_{10}=14$，求 a_6. **解** 方法一：由等差数列的通项公式得 $\begin{cases}a_4=a_1+3d=2,\\a_{10}=a_1+9d=14.\end{cases}$ 解得$\begin{cases}a_1=-4,\\d=2.\end{cases}$ 所以 $a_6=a_1+5d=6$. **思维拓展**：一般地，在等差数列中，若 n，m 都是正整数，且 $n>m$，则由定义可以推得关系式：$a_n=a_m+(n-m)d\Leftrightarrow d=\frac{a_n-a_m}{n-m}$. 方法二： 因为 $d=\frac{a_{10}-a_4}{10-4}=2$， 所以 $a_6=a_4+2d=6$. 练习 2 (1)求等差数列 3，7，11，…的第 4，7，10 项； (2)求等差数列 10，8，6，…的第 20 项.	(18)学生：学生代表在黑板上完成，其他学生在下面完成； (19)教师：强调解题过程要规范、严谨； (20)教师总结：练习 3 中拓展出等差数列的一些性质，利用这些性质可以快速求解	鼓励独立解决问题，培养学生独立思考的能力，培养学生善于动脑、勇于创新的品质，激发学生的创造意识

续表

教学环节	教学内容	师生活动	设计意图
课中	练习 3　在等差数列 $\{a_n\}$ 中： (1) $d=-\frac{1}{3}$，$a_7=8$，求 a_1； (2) $a_1=12$，$a_6=27$，求 d. 练习 4　(1)已知等差数列 $\{a_n\}$ 中，$a_1=3$，$a_n=21$，$d=2$，求 n； (2)已知等差数列 $\{a_n\}$ 中，$a_4=10$，$a_5=6$，求 a_8 和 d		
课中 梳理总结 (4 分钟)	1. 等差数列定义：如果一个数列从第 2 项起，每一项与它的前一项的差都等于同一个常数，那么这个数列就叫作等差数列. 这个常数就叫作等差数列的公差(常用字母“d”表示). 定义表达式： $a_n-a_{n-1}=d(n\geqslant 2$ 且 $n\in\mathbf{N}_+)$. 2. 等差数列的通项公式： $a_n=a_1+(n-1)d(n\geqslant 2$ 且 $n\in\mathbf{N}_+)$. 3. 等差数列通项公式的应用： (1) a_1 和 d 为等差数列的基本量；根据通项公式，只要已知首项 a_1 和公差 d，便可求得等差数列的任意项 a_n. (2)等差数列的通项公式中含有 4 个变量 a_n，a_1，n，d，知道其中三个，便可求出第四个. (3)一般地，在等差数列中，若 n，m 都是正整数，且 $n>m$，则由定义可以推得关系式： $a_n=a_m+(n-m)d\Leftrightarrow d=\frac{a_n-a_m}{n-m}$	(21)教师引导，与学生一起梳理、总结本节课的要点，学生总结不全面的由教师来补充	自我小结的形式，将课堂还给学生，既是对一节课的简单回顾与梳理，也是对所学内容的再次巩固
课后作业	必做：《数学(拓展模块一上册)学习指导与能力训练》基础训练 选做：《数学(拓展模块一上册)学习指导与能力训练》提高训练	学生根据自身水平完成作业	分层作业设计可以让每一位学生收获不同层次的作业成就感，激发他们的学习自信心

(二)文献资源参考

[1]章建跃. 通过代数运算研究数列建立数列模型解决问题[J]. 数学通报，2021，60(09)：4-11+19.

[2]张蜀青. 数列教学中的数学思想之光[J]. 数学通报，2021，60(02)：45-48.

[3]陈德燕. 基于情境、问题导向的探究体验式课堂教学实践——以“等比数列的前 n 项和”教学为例[J]. 数学通报，2020，59(04)：35-38+42.

[4]李昌官. 递推：数列的灵魂[J]. 数学通报，2018，57(10)：22-25.

[5]吴新建. 让探究成为习惯　使学习更加自然——以“等比数列的前 n 项和”教学为例[J]. 数

学通报，2017，56(08)：27-30.

[6]李启超．等差数列和等比数列的另类刻画[J]．数学通报，2017，56(08)：59-60+66.

[7]唐剑岚，周元．“授人以鱼”的同时“授人以渔与欲”——以《等差数列的前 n 项和》公式推导片段为例[J]．数学通报，2016，55(09)：41-46+49.

[8]吴现荣，宋军．HPM视角下的等比数列前 n 项和公式教学[J]．数学通报，2016，55(07)：28-31+34.

[9]刘明．“数列”起始课的教学设计[J]．数学通报，2015，54(01)：17-21.

[10]渠东剑．“数列的概念”的教学反思[J]．数学通报，2013，52(05)：46-49.

[11]潘勇，李秋明．数学“过程”教学认识和实践——“数列的概念”的教学与反思[J]．数学通报，2012，51(06)：14-17+21.

[12]李孝诚，綦春霞．从“为创新设计教学”到“为教学设计创新”——对“等差数列的前 n 项和”教学设计的反思与改进[J]．数学教育学报，2012，21(02)：90-94.

[13]吴运通，何瑞武．一堂数列课里的预设与生成[J]．数学通报，2010，49(08)：20-22+27.

[14]张楠．HP图形计算器在高中数列教学中的应用示例[J]．数学教育学报，2009，18(02)：63-65.

[15]陈朝晖．“等差数列的前 n 项和公式推导”的商榷[J]．数学通报，2007，46(05)：62.

[16]唐志华．“MM”实验课教案：等比数列(第1课时)[J]．数学教育学报，1998(03)：19-21.

(三)职教高考真题展示

1.(2023广东)已知数列$\{a_n\}$满足 $a_1=1$，$a_n=2a_{n-1}+1(n>1)$，则 $a_4=$(　　).

A. 15　　B. 13　　C. 11　　D. 9

2.(2022广东)已知数列$\{a_n\}$满足：$a_1=1$，$a_n=3a_{n-1}-1(n\geqslant 2)$，则 $a_4=$(　　).

A. 2　　B. 5　　C. 14　　D. 41

3.(2021重庆)在等差数列$\{a_n\}$中，$a_1=\frac{1}{2}$，公差 $d=\frac{1}{2}$，则 a_5 的值为(　　).

A. $\frac{3}{2}$　　B. 2　　C. $\frac{5}{2}$　　D. 3

4.(2018浙江)在等差数列$\{a_n\}$中，$a_1+a_2+a_3=5$，$a_2+a_3+a_4=11$，则公差 d 为(　　).

A. 6　　B. 3　　C. 1　　D. 2

5.(2021重庆)在等比数列$\{a_n\}$中，$a_1=1$，$a_4=-8$，则$\{a_n\}$的前5项和为(　　).

A. -25　　B. -5　　C. 11　　D. 31

6.(2022重庆)已知数列$\{a_n\}$的通项公式为 $a_n=2n+1$，则$\{a_n\}$的前3项和为(　　).

A. 7　　B. 8　　C. 15　　D. 19

7.(2022重庆)已知等差数列$\{a_n\}$的公差为2，a_1，a_3，a_4 成等比数列，则 $a_1=$(　　).

A. -8　　B. -2　　C. 2　　D. 8

8.(2021浙江)已知实数 $a>b>0$，若 P 为 a 与 b 的等差中项，G 为 a 与 b 的等比中项，则(　　).

A. $P<G$　　B. $P>G$　　C. $P\leqslant G$　　D. $P\geqslant G$

9.(2020浙江)设数列$\{a_n\}$的前 n 项和为 S_n．若 $a_1=1$，$S_{n+1}=2a_n-1(n\in\mathbf{N}^*)$，则 $a_3=$(　　).

A. -2　　B. -1　　C. 1　　D. 2

10.(2022 浙江)已知数列$\{a_n\}$满足$a_1=3$，$a_{n+1}=\frac{a_n-1}{a_n}$，则$a_{2022}=$(　　).

A. 3　　B. $\frac{2}{3}$　　C. $-\frac{1}{2}$　　D. $\frac{3}{2}$

11.(2023 广东)在等差数列$\{a_n\}$中，若$a_1+a_2+a_3+a_4=14$，则$a_2+a_3=$________.

12.(2022 广东)数列$\{a_n\}$的通项公式为$a_n=\sqrt{n}-\sqrt{n-1}$，则$\{a_n\}$的前 8 项和为________.

13.(2017 浙江)等比数列$\{a_n\}$满足$a_1+a_2+a_3=4$，$a_4+a_5+a_6=12$，则其前 9 项的和$S_9=$________.

14.(2021 浙江)若等差数列$\{a_n\}$的前n项和为$S_n=n^2-2n$，则$a_{2021}=$________.

15.(2018 浙江)在等比数列$\{a_n\}$中，$a_n>0$，$a_1\cdot a_3=4$，则$\log_2 a_2=$________.

16.(2020 重庆)在等比数列$\{a_n\}$中，$a_2=8$，公比$q=\frac{1}{2}$.

(1)求a_8的值；

(2)若数列$\{a_n\}$的前k项和为 31，求k的值.

17.(2023 广东)已知等差数列$\{a_n\}$满足$a_1=1$，$a_2+a_4=10$.

(1)求数列$\{a_n\}$的通项公式；

(2)设$b_n=\frac{a_n+1}{2}$，求数列$\{b_n\}$的前 10 项和.

18.(2022 广东)已知等差数列$\{a_n\}$满足：$a_1+a_2+a_3=9$，$a_1a_2=6$.

(1)求数列$\{a_n\}$的通项公式；

(2)设$b_n=\frac{3^{a_n}}{6^{n+1}}$，求数列$\{b_n\}$的前$n$项和$S_n$.

19.(2021 浙江)某细胞群繁殖情况如下：最初细胞群内有 10 个细胞，第 1 个小时内死亡 1 个，剩下的细胞都一分为二，分裂后细胞总数记作 a_1；第 2 个小时内死亡 2 个，剩下的细胞都一分为二，分裂后细胞总数记作 a_2；……第 n 个小时内死亡 n 个，剩下的细胞都一分为二，分裂后细胞总数记作 a_n；由此构成数列$\{a_n\}$.

(1)写出数列$\{a_n\}$的前三项；

(2)写出 a_n 与 $a_{n-1}(n\geqslant 2)$的关系式；

(3)求通项公式 a_n.

20.(2022 浙江)已知数列$\{a_n\}$，$\{b_n\}$满足如下两个条件：(1)$\{a_n\}$为等差数列，公差 $d>0$，$\{b_n\}$为等比数列；(2)$a_1=b_1=1$，$a_2b_2=8$，$a_3b_3=28$. 求：

(1)数列$\{a_n\}$，$\{b_n\}$的通项公式；

(2)数列$\{a_nb_n\}$的前 n 项和 S_n.

参考答案

1. A.　2. C.　3. C.　4. D.　5. C.　6. C.　7. A.　8. B.　9. A.　10. C.

11. 7.

12. $2\sqrt{2}$.

13. 52.

14. 4039.

15. 1.

16. (1)$a_8=\frac{1}{8}$. (2)$n=5$.

17. (1)$a_n=2n-1$. (2)$S_{10}=55$.

18. (1)$a_n=n+1$.

(2)因为 $b_n=\frac{3^{n+1}}{6^{n+1}}=\left(\frac{1}{2}\right)^{n+1}$，所以$\{b_n\}$是等比数列，所以 $S_n=\frac{\frac{1}{4}\left[1-\left(\frac{1}{2}\right)^n\right]}{1-\frac{1}{2}}=\frac{1}{2}-\left(\frac{1}{2}\right)^{n+1}$.

19. (1)$a_1=18$，$a_2=32$，$a_3=58$.

(2)$a_n=(a_{n-1}-n)\times 2=2(a_{n-1}-n)$.

(3)因为 $a_n=2a_{n-1}-2n$，所以 $a_n-2n=2a_{n-1}-4n$，所以 $a_n-2n-4=2a_{n-1}-4n-4$，即 a_n-

$2n-4=2[a_{n-1}-2(n-1)-4]$，所以数列$\{a_n-2n-4\}$是等比数列，公比为2，首项为12. 所以$a_n-2n-4=12\times2^{n-1}$，故$a_n=6\times2^n+2n+4$.

20.(1)设$\{b_n\}$的公比为q，$\begin{cases}(1+d)q=8\\(1+2d)q^2=28\end{cases}$，由$d>0$，则$d=3$，$q=2$，

$a_n=3n-2$，$b_n=2^{n-1}$.

(2)$S_n=1\times2^0+4\times2^1+7\times2^2+\cdots+(3n-5)\times2^{n-2}+(3n-2)\times2^{n-1}$，

所以$2S_n=1\times2^1+4\times2^2+7\times2^3+\cdots+(3n-5)\times2^{n-1}+(3n-2)\times2^n$.

所以$S_n=-1-3\times(2^1+2^2+2^3+\cdots+2^{n-1})+(3n-2)\times2^n$

$$=(3n-2)\times2^n-1-3\times\frac{2(1-2^{n-1})}{1-2}=(3n-5)\times2^n+5.$$

第四单元　平面向量

一、单元定位

向量概念来自对物理学中力、速度以及加速度等的研究，是近代数学中最为重要和基本的数学概念之一，有其深刻的几何背景，是解决几何问题的有力工具. 向量概念引入后，全等和平行、相似、垂直、勾股定理等就可转化为向量的加(减)法、数乘运算、内积运算，从而把图形的基本性质转化为向量的运算体系. 我们把平面向量引入中等职业教育教材，可以为专业课提供有力的数学工具，为后续的复数、解析几何等内容学习做准备.

二、教学要求

本单元内容包含平面向量的概念、平面向量的线性运算、平面向量的直角坐标系、平面向量的内积. 完成教学约需 12 学时，具体要求和学时分配建议见表 4-1.

表 4-1　第四单元具体要求和学时分配建议

主要内容	具体要求	学时分配
4.1 平面向量的概念	了解平面向量、有向线段及有关概念；了解单位向量、零向量、相等向量、相反向量和共线向量的含义	1 学时
4.2 平面向量的线性运算	理解向量的加法、减法和数乘运算及其几何意义	4 学时
4.3 平面向量的直角坐标系	理解向量的坐标表示；了解向量坐标的加法、减法和数乘运算；初步掌握向量坐标运算的几何应用	4 学时
4.4 平面向量的内积	了解平面向量内积的概念、运算和性质； 了解平面向量内积的几何应用	2 学时
灵活安排	复习与小结	1 学时
合计		12 学时

三、教材分析

(一)单元知识导图(图 4-1)

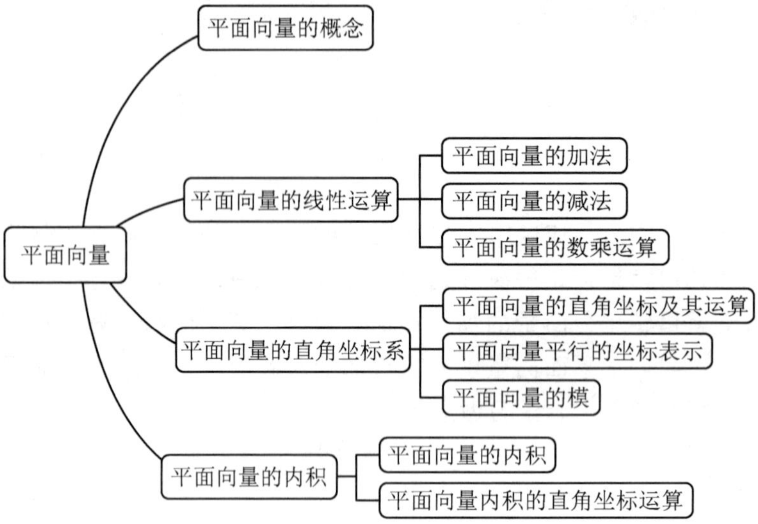

图 4-1　第四单元知识导图

(二)教材编写思路

教材对平面向量单元内容的编排展现了研究一个数学对象的一般方法和路径，即“现实情境—概念引入—向量的属性—向量的运算—向量的坐标表示—向量的应用—向量知识小结—向量知识检测”. 教材从单元序语介绍我国自主研发的北斗卫星导航系统所具备的定位和测速功能入手，通过多个物理名词抽象得出向量的概念；从有方向的物理量入手，介绍向量的表示方法以及特殊向量的概念. 从“逆水行舟，不进则退”诗歌中蕴含的船行速度引出向量的线性运算；再由两个火车头拉力加倍的例子引出向量的数乘；从共线概念出发得到向量共线的基本定理. 教材引入了平面向量的直角坐标系，用坐标形式来表示向量，丰富了向量的表示方法，用坐标来表示向量的线性运算结果，用坐标运算来表示向量的平行关系以及向量的模. 通过“做功”这一物理现象引出平面向量的内积定义；这也是一种向量运算，教材给出了内积的一般求法和直角坐标运算；通过“数学园地”栏目拓展了矢量(向量)的发展史，介绍了亚里士多德、伽利略等数学物理学家，丰富了数学文化；通过“学习导图”总结归纳向量的知识内容，对向量的概念、线性运算以及向量的内积等重点内容进行学习指导，最后通过两种水平的“单元检测”来评价学生的学业质量. 这样编排教材，既符合中职学生学习的认知规律，也满足课程内容要求.

(三)单元教学目标

知识目标： 了解平面向量、有向线段及有关概念(如单位向量、零向量、相等向量、相反向量和共线向量)的含义，理解向量的加法、减法和数乘运算及其几何意义，向量的坐标表示；掌握向量坐标的加法、减法和数乘运算；了解平面向量内积的概念、运算和性质及其几何应用；初步掌握向量坐标运算的几何应用.

能力目标： 能够正确表示向量，会判断两个向量的关系，能够进行向量的线性混合运算，会用坐标表示法进行向量运算，会求一些简单向量的内积，能够用向量方法解决简单的平面几何、力学问题及其他一些实际问题.

素养目标：从物理知识引到数学知识的形成过程中，让学生体会知识之间的相互联系，在概念的形成过程中逐步形成数学抽象素养，培养思维的严谨性，在向量线性运算的学习中培养数学运算素养，在应用向量知识解决实际生活中的问题的过程中提升数学建模素养.

(四)单元重难点

重点：平面向量概念的引入，向量的线性运算，向量的坐标表示；
难点：平面向量内积，向量坐标的几何应用.

四、教材教学建议

4.1　平面向量的概念

(一)教学准备

学生要熟悉数的抽象过程、实数的绝对值(线段的长度)、数的相等、单位长度、0 和 1 的特殊性、线段的平行与共线等.

(二)教学内容

本节主要内容是平面向量、有向线段及有关概念如单位向量、零向量、相等向量、相反向量和共线向量的含义.

(三)教学目标

知识目标：了解平面向量、有向线段及有关概念如单位向量、零向量、相等向量、相反向量和共线向量的含义.

能力目标：能够正确表示向量，能指出单位向量和零向量的长度与方向特征，会正确判断两个向量之间的关系.

素养目标：从物理知识引入到数学知识的形成过程中，体会知识之间的相互联系；在概念的形成过程中；逐步形成数学抽象素养，培养思维的严谨性.

(四)教学重难点

重点：向量的概念；
难点：共线向量.

(五)教学提示

序号	教学提示
1	本单元开头主要包含两部分内容. 一是通过序言对“北斗三号”全球卫星导航系统的介绍，引出向量知识的重要性，教师在授课时引入这些内容，可以激发学生的学习兴趣，也让学生感悟到我国科技的进步；二是明确本单元的学习目标，分为了解、理解、初步掌握和掌握四个层次，帮助学生厘清本单元的学习要求.
2	平面向量的概念来源于物理学中的位移、力、速度等物理量，通常用有向线段来表示. 教材通过甲、乙两位同学关于位置的描述得出“有些量既有大小又有方向”，从具体到抽象

续表

序号	教学提示
	概括出向量的概念．教师可以从向量的大小出发教授向量的模、零向量、单位向量的概念，从向量的方向出发教授共线向量的概念，结合大小与方向给出相等向量、相反向量的概念．特别提出零向量的方向是不确定的，而不是没有方向，零向量与任意向量是共线向量．在教学过程当中，应多举生活中的例子，或者结合学生熟悉的几何图形，加深学生对以上概念的认知．
3	教材中安排的三道例题，可以帮助学生区分向量和数量：向量可以用有向线段表示．教材第 4.1 节例 3 借助平行四边形，考查了学生对相等向量、相反向量和平行向量的理解．教师在例题的讲解过程中，要适时总结相关概念，引导学生区别向量的相等与数量的相等．
4	教材中提到使用 GeoGebra 软件(简称 GGB)帮助教学过程的信息化，教师可结合实际课堂情况，在课堂导入或者知识应用环节利用 GGB 的绘图功能画出向量，一方面使课堂更为生动有趣，另一方面也为后续向量的坐标表示做好铺垫．

(六)课程思政设计

在向量相关概念的教学中，可设计引入北斗卫星定位系统的定位和导航功能，从而引出相关的位移、加速度等向量名词，渗透科技强国的爱国主义精神；也可设计引入杭州亚运会志愿者服务地图，通过位移引入向量相关的概念，让学生体会数学概念应用于实际生活，增强数学知识的实用价值；通过亚运会的志愿服务，告诉学生要树立良好的中国公民形象，要传承文明、弘扬新风，向世界展现懂礼、讲礼的大国东道主形象．

(七)习题答案

4.1　平面向量的概念

随堂练习

1. (1)大小；方向．(2)零；$\mathbf{0}$ 或 $\vec{0}$；不确定的．(3)1 个单位长度
2. (1)×．(2)×．(3)×．(4)×．(5)√．
3. (1)$\overrightarrow{DO}$，$\overrightarrow{EF}$，$\overrightarrow{CB}$．(2)$\overrightarrow{CO}$，$\overrightarrow{OF}$，$\overrightarrow{BA}$，$\overrightarrow{DE}$．
(3)$\overrightarrow{BA}$，$\overrightarrow{FO}$，$\overrightarrow{OF}$，$\overrightarrow{CO}$，$\overrightarrow{OC}$，$\overrightarrow{FC}$，$\overrightarrow{CF}$，$\overrightarrow{DE}$，$\overrightarrow{ED}$．
4.

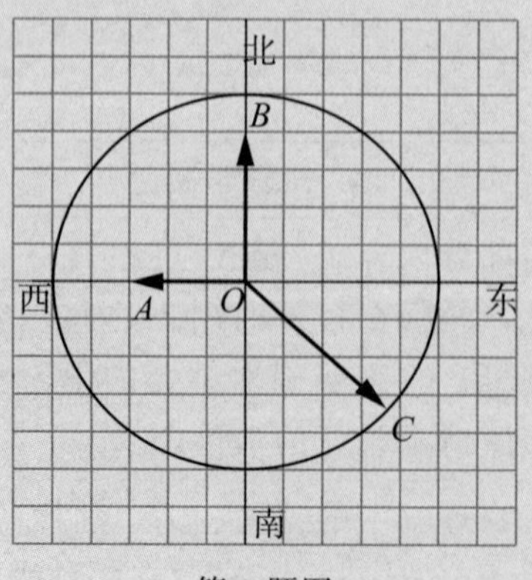

第 4 题图

习题 4.1

水平一

1. C.　2. A.　3. 共线.

4. (1)图略；(2) $|\overrightarrow{AC}|=\sqrt{50^2+100^2}=50\sqrt{5}$ (km).

水平二

1. (1)与向量 $\overrightarrow{AB}$ 相等的向量：$\overrightarrow{FO}$，$\overrightarrow{OC}$，$\overrightarrow{ED}$.

与向量 $\overrightarrow{BC}$ 相等的向量：$\overrightarrow{AO}$，$\overrightarrow{OD}$，$\overrightarrow{FE}$.

(2)与向量 $\overrightarrow{AD}$ 的模相等的向量：$\overrightarrow{DA}$，$\overrightarrow{BE}$，$\overrightarrow{EB}$，$\overrightarrow{FC}$，$\overrightarrow{CF}$.

2. 大小为 $500\sqrt{3}$ km，方向为正北方向.

3. (1) 与向量 $\overrightarrow{AA_1}$ 相等的向量：$\overrightarrow{BB_1}$，$\overrightarrow{CC_1}$.

(2)与向量 $\overrightarrow{AB}$ 的模相等的向量：$\overrightarrow{BA}$，$\overrightarrow{BC}$，$\overrightarrow{CB}$，$\overrightarrow{AC}$，$\overrightarrow{CA}$，$\overrightarrow{A_1B_1}$，$\overrightarrow{B_1A_1}$，$\overrightarrow{A_1C_1}$，$\overrightarrow{C_1A_1}$，$\overrightarrow{C_1B_1}$，$\overrightarrow{B_1C_1}$.

4.2　平面向量的线性运算

(一)教学准备

1. 教师授课前，学生要熟悉以下知识内容：向量的概念、向量的几何表示、实数的四则运算以及相关的运算律.

2. 教师授课前准备有关向量加法、向量数乘的案例素材.

(二)教学内容

本节主要内容是向量的加法、向量的减法和数乘运算及其几何意义，向量共线的充要条件.

(三)教学目标

知识目标：理解向量的加法、减法和数乘运算及其几何意义，平面向量的坐标表示；了解向量共线的充要条件.

能力目标：能够进行简单的向量线性运算，会用坐标来表示向量，能够用向量线性运算的运算律进行熟练计算.

素养目标：通过平面向量的线性运算，发展数学运算素养；在向量的计算中，渗透类比的数学方法，培养学生知识迁移的能力，帮助学生建立全面、科学的数学学习思想观.

(四)教学重难点

重点：向量的线性运算；

难点：向量共线的充要条件.

(五)教学提示

序号	教学提示
1	教材通过对古典诗句描述的顺流、逆流行船的物理现象，引出两个方向的速度之和的几何表示，进一步抽象概括得出向量加法的三角形法则．学生理解了向量且能够进行运算，向量的工具作用才能得到充分发挥．教学中应引导学生思考一个量的运算问题，如果有了

续表

序号	教学提示
	运算定义和法则，运算问题就可以迎刃而解．平面向量的线性运算包括：向量加法、向量减法、向量数乘运算，以及它们之间的混合运算．向量加法运算是最基本、最重要的运算，它是向量减法、数乘运算的基础．
2	向量的加法运算是通过类比数的加法运算，以水流速度的合成这一物理模型为背景引入的，使平面向量加法运算的学习建立在学生已有认知基础上．由于向量有方向，在进行运算时，不但要考虑大小，还要考虑方向，重点强调向量运算与数运算的联系及区别，让学生更好地把握向量加法的特点．类比数的减法，向量减法可以看成加上这个向量的相反向量．从几何意义出发，向学生介绍向量的数乘法则，学生可以直观了解数乘运算的意义．因此，类比数的运算法则来学习向量的线性运算是一种接受度高的学习方法．向量的线性运算具有深刻的物理背景和几何意义，使得向量在解决物理和几何问题时，可以发挥很好的作用．
3	教材第 4.2.1 节例 2 旨在从向量概念的角度出发巩固向量的加法运算，一方面应用向量的概念明确题目所求的速度实际指的是“和向量”，另一方面则是考查两个不共线向量的和向量及其几何表示，帮助学生巩固向量加法的三角形法则以及平行四边形法则，让学生熟记平面向量加法的三角形法则口诀：“首尾相接，由始至终”．
4	对于向量的减法运算，教材第 4.2.2 节例 1 要求学生通过作图求向量减法并指出其几何意义，帮助学生总结向量减法的作图方法：(一)定义法，减法是加法的逆运算，可以转化为向量加法作图；(二)几何意义法，平移到共起点，首首相连，从减向量的终点指向被减向量的终点．例 2 是向量减法的运算，提醒学生：“减去一个向量就是加上这个向量的反向量，再运用向量加法法则进行运算”，学生可以在不作图的情况下也能快速求出减向量．
5	在教材第 4.2.3 节中，教师可以借助教材中的课前导入“雪域神舟”号双机重联机车，从双车头的牵引力出发，由 2 个力到 n 个力求和，切合实际问题，让学生经历由特殊到一般，得出 $\lambda\boldsymbol{a}$ 仍然表示一个向量，并能说出这个向量的大小与方向．
6	在学生掌握向量的加法、减法以及数乘运算之后，教师要及时归纳总结．向量的加法、减法、数乘以及它们的混合运算统称为向量的线性运算，两个向量进行数乘、加减运算所得的向量称为这两个向量的一个线性组合．在教材第 4.2.3 节中，教师引导学生总结得出向量共线的充要条件，在这里，学生可以再次巩固向量共线的定义，通过知识间的串联，加深学生对数学知识学习的融会贯通．
7	教学中，教师要注重向量线性运算法则及几何意义的讲解，加强学生的作图能力，能够从作图中总结出运算规律、口诀等．在例题的讲解过程中，建立数学与物理学之间的联系，教师在授课时，要能从大视角出发，引导学生学会知识间的迁移．

(六)课程思政设计

在引入向量的加法运算时，可以设计古代诗歌中所蕴含的丰富的物理现象，在学如“逆水行舟，不进则退”中体会船行速度与水流速度，用数学的眼光看自然界的有趣现象，从而让学生深刻体会“万物皆数”，也可设计分析大国重器的运行原理，从物理学到数学，增强学生对于数学学科的认同感，通过了解大国重器，增强民族自豪感，深刻体会科教兴国的力量．

（七）习题答案

4.2.1　平面向量的加法

随堂练习

1.（1）×.（2）×.（3）×.

2. A.

3. $\overrightarrow{AC}$；$\overrightarrow{AC}$；$\overrightarrow{CA}$.

4. 路程：700 km；两次位移的和：向南 100 km.

4.2.2　平面向量的减法

随堂练习

1（1）$\overrightarrow{DB}$.（2）$\overrightarrow{CA}$.（3）$\overrightarrow{AC}$.（4）$\overrightarrow{BA}$.（5）$\overrightarrow{AD}$.

2. 图略.

3.（1）$\overrightarrow{BA}$.（2）$\overrightarrow{AC}$.

4.2.3　平面向量的数乘运算

随堂练习

1.（1）$-4\boldsymbol{a}$.（2）$-3\boldsymbol{a}+2\boldsymbol{b}$.（3）$6\boldsymbol{a}-8\boldsymbol{b}$.

2.（1）15.（2）$\frac{1}{6}$.

3. D.

习题 4.2

水平一

1.（1）$\boldsymbol{a}-2\boldsymbol{b}$.（2）$\boldsymbol{a}+5\boldsymbol{b}$.

2. C.　　3. A.

4. 路程：300 n mile；位移：方向为南偏西的夹角的正切值为 2，大小为 $100\sqrt{5}$ n mile.

5. 图略.

水平二

1. 如图，作 $\overrightarrow{BC}=\overrightarrow{AD}$，则 $\boldsymbol{a}+\boldsymbol{b}=\overrightarrow{AB}+\overrightarrow{AD}=\overrightarrow{AB}+\overrightarrow{BC}=\overrightarrow{AC}$.

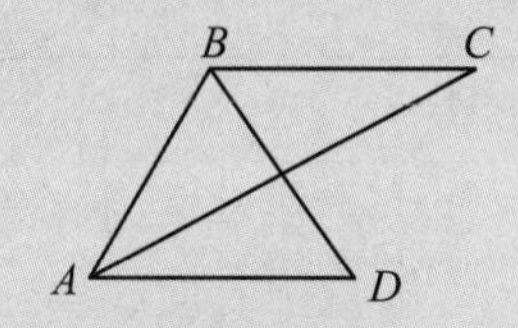

第 1 题图

所以 $|\boldsymbol{a}+\boldsymbol{b}|=|\overrightarrow{AC}|$.

在△ABC 中，$|\overrightarrow{AB}|=|\overrightarrow{BC}|=5$，$\angle ABC=180°-\angle DAB=120°$，求得 $|\overrightarrow{AC}|=5\sqrt{3}$；即 $|\boldsymbol{a}+\boldsymbol{b}|=5\sqrt{3}$；

$\boldsymbol{a}-\boldsymbol{b}=\overrightarrow{AB}-\overrightarrow{AD}=\overrightarrow{DB}$.

所以 $|\boldsymbol{a}-\boldsymbol{b}|=|\overrightarrow{DB}|$.

在△ABD 中，$|\overrightarrow{AB}|=|\overrightarrow{AD}|=5$，$\angle DAB=60°$，求得 $|\overrightarrow{DB}|=5$，即 $|\boldsymbol{a}-\boldsymbol{b}|=5$.

2. 证明：因为 $\overrightarrow{AD}=\overrightarrow{AB}+\overrightarrow{BC}+\overrightarrow{CD}=-2\boldsymbol{a}-8\boldsymbol{b}=2\overrightarrow{BC}$，

即 $\overrightarrow{AD}//\overrightarrow{BC}$ 且 $|\overrightarrow{AD}|=2|\overrightarrow{BC}|$.

又 $\overrightarrow{AB}$ 与 $\overrightarrow{CD}$ 不平行，

所以四边形 $ABCD$ 是梯形.

3. 证明：因为 $\overrightarrow{AD}=\overrightarrow{AB}+\overrightarrow{BD}$，$\overrightarrow{AD}=\overrightarrow{AC}+\overrightarrow{CD}$，所以 $2\overrightarrow{AD}=\overrightarrow{AB}+\overrightarrow{BD}+\overrightarrow{AC}+\overrightarrow{CD}$.

D 是 BC 边的中点，所以 $\overrightarrow{BD}+\overrightarrow{CD}=0$，所以 $2\overrightarrow{AD}=\overrightarrow{AB}+\overrightarrow{AC}$，即 $\overrightarrow{AD}=\frac{1}{2}(\overrightarrow{AB}+\overrightarrow{AC})$.

4.3 平面向量的直角坐标系

(一)教学准备

1. 教师授课前，学生应储备以下知识内容：掌握向量的线性运算及向量共线的充要条件，了解平面直角坐标系内点与坐标的一一对应关系.

2. 教师授课前准备相关基础绘图工具，几何画板或者 GGB 软件.

(二)教学内容

本节主要内容是平面向量的坐标表示，向量坐标的加法、减法和数乘运算，平面向量平行的坐标表示，平面向量的模.

(三)教学目标

知识目标：理解向量的坐标表示，了解向量坐标的线性运算，初步掌握向量坐标运算的几何应用.

能力目标：能够用坐标表示向量，能够用坐标法进行向量的加减以及数乘运算，能够通过坐标判断向量是否共线.

素养目标：在向量坐标运算中，提升学生的数学运算素养；在向量坐标化学习过程中，体会由特殊到一般的研究问题的方法以及数形结合的思想方法；培养学生积极思考、勇于探索的精神.

(四)教学重难点

重点：平面向量线性运算的坐标表示；

难点：平面向量的坐标概念的引入.

(五)教学提示

序号	教学提示
1	本节内容既是对向量概念的进一步深化，又是学习平面向量应用的基础. 教材通过“向量→有向线段→起点、终点→坐标”建立起向量与有序实数之间的关系，关注学生知识学习的最近发展区，使学生更易接受新知识.
2	教师教授平面向量的直角坐标表示时，应分析向量的正交分解，基本单位向量，向量的线性表示等相关概念，帮助学生巩固复习已学知识，也为接下来向量的坐标运算做好铺垫. 在教材第 4.3.1 节中，例 1 主要是帮助学生找出向量的分解、向量的坐标与其基本单位向量的分解式之间的对应关系. 教师还应指出点的坐标与向量坐标在含义和写法上的区别，注意提醒学生向量坐标有“=”，在书写的时候不要漏写.

续表

序号	教学提示
3	向量坐标化以后，平面向量的线性运算就会更简单．在教学中，教师应引导学生回顾向量线性运算以及平面向量基本定理的相关内容，结合向量的坐标表示，学生能自主推出向量加法、减法以及数乘运算的坐标表示，从而获得成就感．
4	教材第 4.3.2 节主要内容是向量平行(共线)的坐标表示，教师可引导学生利用数乘向量的坐标表示推出在平面直角坐标系中向量共线的充要条件．其中例 1、例 2 均是强化向量共线的充要条件的应用．
5	向量坐标化后其大小如何计算？在教材第 4.3.3 节中，就这个问题展开了向量模长的坐标求解公式的探究．教师应结合向量的几何表示，通过平面直角坐标系内的有向线段长度的求解，利用勾股定理，建立向量模长的坐标公式．其中，例 2 还考查了学生对基本单位向量分解式与向量坐标之间一一对应关系的了解．
6	随堂练习和习题处理应强化坐标运算规则、运算公式，厘清概念，注意在物理学方面的应用以及本节前后知识内容的衔接应用

(六)课程思政设计

以北斗卫星发射为课程载体，在运行过程中建立平面直角坐标系，通过计算卫星的位移，培育学生严谨求学、实事求是的数学品质，也激发学生的爱国主义情怀．也可以以抗日战争时期的军事指挥图为载体，建立平面直角坐标系，将军队行进的位移坐标化，模拟军事行动，培养学生正确的历史观和价值观．

(七)习题答案

4.3.1　平面向量的直角坐标及其运算

随堂练习

1. $(3,\ -4)$．　2. $\overrightarrow{OA}=(-2,\ 3)$，$\overrightarrow{OA}=-2\boldsymbol{i}+3\boldsymbol{j}$．

3. $3\boldsymbol{i}+3\boldsymbol{j}$；$(3,\ 3)$．

$-4\boldsymbol{i}+\boldsymbol{j}$；$(-4,\ 1)$．

$-3\boldsymbol{i}$；$(-3,\ 0)$．

$3\boldsymbol{i}-2\boldsymbol{j}$；$(3,\ -2)$．

随堂练习

1. (1)$\overrightarrow{AB}=(-2,\ -4)$，$\overrightarrow{BA}=(2,\ 4)$．

(2) $\overrightarrow{AB}=(1,\ -1)$，$\overrightarrow{BA}=(-1,\ 1)$．

(3)$\overrightarrow{AB}=(-4,\ -3)$，$\overrightarrow{BA}=(4,\ 3)$．

2. 设点 A 的坐标为$(x,\ y)$．

因为 $\overrightarrow{AB}=(2,\ 1)-(x,\ y)=(-1,\ 3)$，

所以$(x,\ y)=(2,\ 1)-(-1,\ 3)=(3,\ -2)$．

即点 A 的坐标为$(3,\ -2)$．

4.3.2 平面向量平行的坐标表示

随堂练习

1.(1)是. (2)是. (3)否.

2.C.

3.$\boldsymbol{a}+\boldsymbol{b}=(1,3)+(-2,m)=(-1,3+m)$. 因为 $\boldsymbol{a}$ 与 $\boldsymbol{a}+\boldsymbol{b}$ 共线，所以 $3\times(-1)=1\times(3+m)$，即 $m=-6$.

4.3.3 平面向量的模

随堂练习

1.$3\sqrt{2}$. 2. ±8.

3.$|\boldsymbol{c}|=\sqrt{(-3)^2+4^2}=5$，$|\boldsymbol{d}|=\sqrt{6^2+3^2}=3\sqrt{5}$. 因为 $5<3\sqrt{5}$，所以 $|\boldsymbol{c}|<|\boldsymbol{d}|$.

习题 4.3

水平一

1.(3，6)；(−7，2). 2. $\frac{3}{2}$. 3.(3，4)；5. 4.(0，2)；(0，−2).

5.$\boldsymbol{f}_1+\boldsymbol{f}_2+\boldsymbol{f}_3=(3,4)+(2,-5)+(3,1)=(8,0)$.

6.$3\boldsymbol{a}+5\boldsymbol{b}=(6,9)+(-10,-15)=(-4,-6)$.

$2\boldsymbol{a}-\boldsymbol{b}=(4,6)-(-2,-3)=(6,9)$.

水平二

1.(1)1；−3. (2)−2；1. (3)−8；7.

2.(2，3)；(1，4).

3. 设点 D 的坐标为(x,y). 因为四边形 $ABCD$ 为平行四边形，所以 $\overrightarrow{AB}=\overrightarrow{DC}$.

又因为 $\overrightarrow{AB}=(8,2)-(2,-3)=(6,5)$，$\overrightarrow{DC}=(1,6)-(x,y)$，

所以$(6,5)=(1,6)-(x,y)$，解得$(x,y)=(1,6)-(6,5)=(-5,1)$，

所以点 D 的坐标为$(-5,1)$.

因为 $\overrightarrow{AB}=(6,5)$，所以 $|\overrightarrow{AB}|=|\overrightarrow{DC}|=\sqrt{6^2+5^2}=\sqrt{61}$.

因为 $\overrightarrow{BC}=(1,6)-(8,2)=(-7,4)$，所以 $|\overrightarrow{AD}|=|\overrightarrow{BC}|=\sqrt{(-7)^2+4^2}=\sqrt{65}$.

4.4 平面向量的内积

(一)教学准备

1. 教师授课前，学生应储备以下知识内容：充分了解向量的基本概念和几何表示，掌握向量的线性运算及向量共线的充要条件；了解向量的坐标表示，同时具备对相关物理量(力、速度、位移、做功等)概念的了解.

2. 教师授课前准备有关向量的内积在物理学上的应用的案例素材，帮助学生更容易理解向量的内积计算公式.

（二）教学内容

本节主要内容是平面向量的内积及其物理意义，向量内积的计算公式、性质及运算律，向量内积的几何应用.

（三）教学目标

知识目标：了解平面向量内积的概念、运算和性质及其几何应用.

能力目标：能够用向量内积计算公式进行简单运算，会用坐标法表示向量内积运算并通过向量内积的结果判断两个向量的位置关系.

素养目标：从物理学中力的做功引出向量内积的定义，体会知识之间的相互联系；在概念的形成过程中，逐步形成数学抽象素养，培养思维的严谨性；通过从向量内积判断直线的几何位置关系，培养学生分析问题与解决问题的能力.

（四）教学重难点

重点：平面向量内积的定义及其计算公式；

难点：平面向量内积的概念及内积的应用.

（五）教学提示

序号	教学提示
1	向量的内积是从物理问题中抽象出来的数学运算．它不是以前学过的乘法概念的延续与扩充，而是一种“规定”得到的运算法则，一种全新的运算法则，学生需要花时间去消化．内积的教学为本单元的难点．为了克服向量内积的抽象性，教材一开始就借助物理学中的位移、力、做功等学生已知概念引入向量内积的概念．如果抛开这些物理概念，直接讨论向量，必然会使学生感到抽象，不好理解．同时，教材在编写过程中多处使用图示说明的方法，帮助学生理解概念.
2	在教材第 4.4.1 节中，教材具体分析了向量的夹角，一个向量在另一个向量方向上的投影，对夹角取一些特殊角时向量的位置关系以及向量内积满足的运算律，特别提出两个向量垂直的充要条件是内积为 0，其中例 4 也强化了向量垂直的应用．例 1、例 2 的主要目的是对向量内积公式的直接应用以及变形应用，例 3 考查的是向量内积的运算律，教师也可适当补充问题，强调向量内积不满足结合律，也可使用教材合作交流的表格来验证，让学生参与讨论交流，主动发现结论.
3	向量的内积的坐标表示实际上是上一节平面向量坐标表示的一个应用，教师应引导学生利用所学知识尝试解决问题．学生在解决问题的过程中会遇到向量夹角无法用坐标表示的阻碍，教师此时引导学生回到向量的分解，帮助学生推导出公式．在这个过程中，学生经历了从发现问题到解决问题的探究过程，这对培养学生的数学逻辑思维能力起到至关重要的作用.
4	向量垂直的坐标表示应用较为广泛，在教材第 4.4.2 节中，例 1 与例 3 及时巩固了向量垂直的坐标表示，其中例 3 还要求学生根据起点和终点坐标写出向量的坐标，而例 2 则是对向量内积的坐标表示的应用，学生要会根据向量的坐标求向量的模以及向量的夹角，教师在教学当中应及时总结，帮助学生复习运算公式．课堂教学中，为检测学生的掌握程度，可以设置互动交流环节，由同桌两人或者小组成员互相出题，求向量的内积，判断向量的位置关系.

续表

序号	教学提示
5	随堂练习和习题处理应注重对向量内积概念的进一步分析理解，结合图形表示，使学生能够掌握向量内积的计算公式，了解向量平行、垂直的充要条件.

(六)课程思政设计

在向量内积概念的引入中，可搜集一些我国运动员在世界级田径比赛中的辉煌时刻，对竞技比赛中的力、速度、位移等物理量进行作图分析，激发学生学习兴趣的同时，让学生感悟努力拼搏、更高更快更强的体育精神，提升学生的民族自豪感，形成更加完善的价值观.

(七)习题答案

4.4.1 平面向量的内积

随堂练习

1.$[0, \pi]$；内积；$\boldsymbol{a}\cdot\boldsymbol{b}$.

2.(1)×.(2)×.(3)×.

3.$\boldsymbol{a}\cdot\boldsymbol{b}=|\boldsymbol{a}||\boldsymbol{b}|\cos 60^\circ=3\times2\times\frac{1}{2}=3$.

4.$\cos\langle\boldsymbol{a}, \boldsymbol{b}\rangle=\frac{\boldsymbol{a}\cdot\boldsymbol{b}}{|\boldsymbol{a}|\times|\boldsymbol{b}|}=\frac{6}{3\times4}=\frac{1}{2}$.

又$\langle\boldsymbol{a}, \boldsymbol{b}\rangle\in[0, \pi]$，

所以向量$\boldsymbol{a}$，$\boldsymbol{b}$的夹角为$\frac{\pi}{3}$.

5.$\boldsymbol{a}\cdot(\boldsymbol{a}+\boldsymbol{b})=\boldsymbol{a}\cdot\boldsymbol{a}+\boldsymbol{a}\cdot\boldsymbol{b}=|\boldsymbol{a}|^2+\boldsymbol{a}\cdot\boldsymbol{b}=9+|\boldsymbol{a}||\boldsymbol{b}|\cos 150^\circ=9+3\times4\times\left(-\frac{\sqrt{3}}{2}\right)=9-6\sqrt{3}$.

4.4.2 平面向量内积的直角坐标运算

随堂练习

1.$\boldsymbol{a}\cdot\boldsymbol{b}=5\times1+(-4)\times3=-7$.

2.$\boldsymbol{a}\cdot\boldsymbol{b}=1\times0+\sqrt{3}\times3=3\sqrt{3}$，$|\boldsymbol{a}|=\sqrt{1^2+(\sqrt{3})^2}=2$，$|\boldsymbol{b}|=3$，

$\cos\langle\boldsymbol{a}, \boldsymbol{b}\rangle=\frac{\boldsymbol{a}\cdot\boldsymbol{b}}{|\boldsymbol{a}||\boldsymbol{b}|}=\frac{3\sqrt{3}}{2\times3}=\frac{\sqrt{3}}{2}$. 又$\langle\boldsymbol{a}, \boldsymbol{b}\rangle\in[0, \pi]$，所以$\langle\boldsymbol{a}, \boldsymbol{b}\rangle=\frac{\pi}{6}$.

3.$\boldsymbol{b}+\boldsymbol{c}=(-3, 4)+(-1, 3)=(-4, 7)$，

$\boldsymbol{a}\cdot(\boldsymbol{b}+\boldsymbol{c})=2\times(-4)+(-3)\times7=-29$.

4.(1)是.(2)是.(3)否.

5.(1)$|\boldsymbol{a}|=\sqrt{4^2+(-3)^2}=5$.(2)$|\boldsymbol{b}|=\sqrt{8^2+6^2}=10$.

习题 4.4

水平一

1. C.　2. 2.

3. 因为向量 $\boldsymbol{a}=(3,-2)$，$\boldsymbol{b}=(4,m)$，$\boldsymbol{a}\perp\boldsymbol{b}$，

所以 $\boldsymbol{a}\cdot\boldsymbol{b}=3\times4+(-2)\times m=0$，解得 $m=6$.

4. $\boldsymbol{a}\cdot\boldsymbol{b}=2\times1+(-3)\times1=-1$，$|\boldsymbol{a}|=\sqrt{2^2+(-3)^2}=\sqrt{13}$，$|\boldsymbol{b}|=\sqrt{1^2+1^2}=\sqrt{2}$，

$\cos\langle\boldsymbol{a},\boldsymbol{b}\rangle=\dfrac{\boldsymbol{a}\cdot\boldsymbol{b}}{|\boldsymbol{a}||\boldsymbol{b}|}=\dfrac{-1}{\sqrt{13}\times\sqrt{2}}=-\dfrac{\sqrt{26}}{26}$.

水平二

1. $|\boldsymbol{a}+\boldsymbol{b}|^2=(\boldsymbol{a}+\boldsymbol{b})\cdot(\boldsymbol{a}+\boldsymbol{b})$

$=\boldsymbol{a}\cdot\boldsymbol{a}+2\boldsymbol{a}\cdot\boldsymbol{b}+\boldsymbol{b}\cdot\boldsymbol{b}=|\boldsymbol{a}|^2+2\boldsymbol{a}\cdot\boldsymbol{b}+|\boldsymbol{b}|^2$.

因为 $|\boldsymbol{a}|=4$，$|\boldsymbol{b}|=3$，

$\boldsymbol{a}\cdot\boldsymbol{b}=|\boldsymbol{a}||\boldsymbol{b}|\cos60^\circ=4\times3\times\dfrac{1}{2}=6$，

所以 $|\boldsymbol{a}+\boldsymbol{b}|^2=16+12+9=37$，

所以 $|\boldsymbol{a}+\boldsymbol{b}|=\sqrt{37}$.

2. 证明：因为 $A(1,3)$，$B(4,-2)$，$C(6,6)$，

所以 $\overrightarrow{AB}=(3,-5)$，$\overrightarrow{AC}=(5,3)$，$\overrightarrow{BC}=(2,8)$.

所以 $|\overrightarrow{AB}|=\sqrt{3^2+(-5)^2}=\sqrt{34}$，$|\overrightarrow{AC}|=\sqrt{5^2+3^2}=\sqrt{34}$，所以 $|\overrightarrow{AB}|=|\overrightarrow{AC}|$.

因为 $\overrightarrow{AB}\cdot\overrightarrow{AC}=3\times5+(-5)\times3=0$，所以 $\overrightarrow{AB}\perp\overrightarrow{AC}$.

综上可得，$\triangle ABC$ 是等腰直角三角形.

3. $\boldsymbol{W}=\boldsymbol{F}\cdot\boldsymbol{s}=|\boldsymbol{F}|\cdot|\boldsymbol{s}|\cdot\cos\langle\boldsymbol{F},\boldsymbol{s}\rangle=5000\times2\times\cos30^\circ=5000\sqrt{3}$(J).

即甲组同学的拉力对乙组同学所做的功为 $5000\sqrt{3}$ J.

单元检测

水平一

1. (1)C. (2)B. (3)A. (4)B. (5)A. (6)D.

2. (1) $\overrightarrow{CA}$；$\boldsymbol{0}$. (2)(3，4).

3. $\boldsymbol{a}\cdot\boldsymbol{b}=1\times2+3\times1=5$，$|\boldsymbol{a}|=\sqrt{1^2+3^2}=\sqrt{10}$，$|\boldsymbol{b}|=\sqrt{2^2+1^2}=\sqrt{5}$，

$\cos\langle\boldsymbol{a},\boldsymbol{b}\rangle=\dfrac{\boldsymbol{a}\cdot\boldsymbol{b}}{|\boldsymbol{a}||\boldsymbol{b}|}=\dfrac{5}{\sqrt{10}\times\sqrt{5}}=\dfrac{\sqrt{2}}{2}$. 因为 $\langle\boldsymbol{a},\boldsymbol{b}\rangle\in[0,\pi]$，所以 $\langle\boldsymbol{a},\boldsymbol{b}\rangle=\dfrac{\pi}{4}$.

4. 如图.

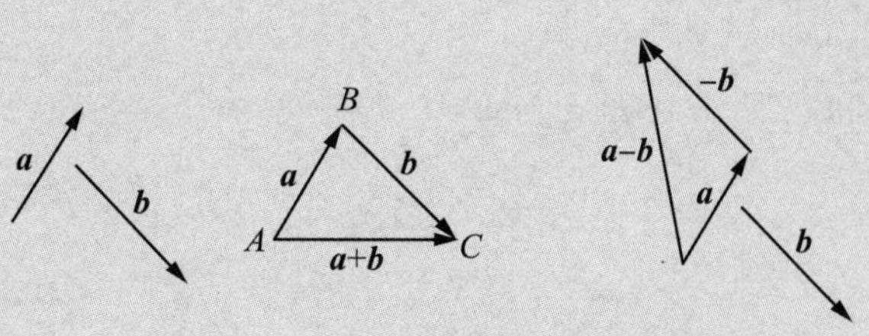

第 4 题图

5. 飞行路程为 700 km，两次位移之和大小为 500 km，方向为北偏东约 53.1°.

6. $\overrightarrow{AD}=\frac{1}{2}(\overrightarrow{AB}+\overrightarrow{AC})$.

7. (1) $\overrightarrow{BA}=(-2,\ 3)-(1,\ 2)=(-3,\ 1)$，$\overrightarrow{BC}=(5,\ 4)-(1,\ 2)=(4,\ 2)$.

(2)因为 $\overrightarrow{BA}\cdot\overrightarrow{BC}=-3\times4+1\times2=-10$，

$|\overrightarrow{BA}|=\sqrt{(-3)^2+1^2}=\sqrt{10}$，$|\overrightarrow{BC}|=\sqrt{4^2+2^2}=2\sqrt{5}$，

所以 $\cos\langle\overrightarrow{BA},\ \overrightarrow{BC}\rangle=\frac{\overrightarrow{BA}\cdot\overrightarrow{BC}}{|\overrightarrow{BA}|\ |\overrightarrow{BC}|}=\frac{-10}{\sqrt{10}\times2\sqrt{5}}=-\frac{\sqrt{2}}{2}$.

因为 $\langle\overrightarrow{BA},\ \overrightarrow{BC}\rangle\in[0,\ \pi]$，所以 $\langle\overrightarrow{BA},\ \overrightarrow{BC}\rangle=\frac{3\pi}{4}$，即 $\angle B$ 的大小为 $\frac{3\pi}{4}$.

(3)设 AC 边的中点为 D，则 $\overrightarrow{BD}=\frac{1}{2}(\overrightarrow{BA}+\overrightarrow{BC})=\left(\frac{1}{2},\ \frac{3}{2}\right)$，

所以 $|\overrightarrow{BD}|=\sqrt{\left(\frac{1}{2}\right)^2+\left(\frac{3}{2}\right)^2}=\frac{\sqrt{10}}{2}$，即 AC 边的中线长为 $\frac{\sqrt{10}}{2}$.

8. 因为 $\boldsymbol{a}+\boldsymbol{b}+\boldsymbol{c}=\boldsymbol{0}$，所以 $(\boldsymbol{a}+\boldsymbol{b}+\boldsymbol{c})\cdot(\boldsymbol{a}+\boldsymbol{b}+\boldsymbol{c})=0$，

即 $(\boldsymbol{a}+\boldsymbol{b}+\boldsymbol{c})\cdot(\boldsymbol{a}+\boldsymbol{b}+\boldsymbol{c})=\boldsymbol{a}\cdot\boldsymbol{a}+\boldsymbol{b}\cdot\boldsymbol{b}+\boldsymbol{c}\cdot\boldsymbol{c}+2\boldsymbol{a}\cdot\boldsymbol{b}+2\boldsymbol{a}\cdot\boldsymbol{c}+2\boldsymbol{b}\cdot\boldsymbol{c}=|\boldsymbol{a}|^2+|\boldsymbol{b}|^2+|\boldsymbol{c}|^2+2(\boldsymbol{a}\cdot\boldsymbol{b}+\boldsymbol{a}\cdot\boldsymbol{c}+\boldsymbol{b}\cdot\boldsymbol{c})=0$.

又因为 $|\boldsymbol{a}|=3$，$|\boldsymbol{b}|=1$，$|\boldsymbol{c}|=4$，所以 $9+1+16+2(\boldsymbol{a}\cdot\boldsymbol{b}+\boldsymbol{a}\cdot\boldsymbol{c}+\boldsymbol{b}\cdot\boldsymbol{c})=0$，

解得 $\boldsymbol{a}\cdot\boldsymbol{b}+\boldsymbol{a}\cdot\boldsymbol{c}+\boldsymbol{b}\cdot\boldsymbol{c}=-13$.

水平二

1. ①③.　2. $4\sqrt{5}$.　3. ②③.　4. 等腰梯形.　5. (0，0).　6. $\frac{1}{2}\boldsymbol{a}-\frac{3}{2}\boldsymbol{b}$.

7. (1)因为 $\boldsymbol{a}\cdot\boldsymbol{b}=|\boldsymbol{a}||\boldsymbol{b}|\cos120°=4\times2\times\left(-\frac{1}{2}\right)=-4$，

所以 $(\boldsymbol{a}-2\boldsymbol{b})\cdot(\boldsymbol{a}+\boldsymbol{b})=\boldsymbol{a}\cdot\boldsymbol{a}-\boldsymbol{a}\cdot\boldsymbol{b}-2\boldsymbol{b}\cdot\boldsymbol{b}=|\boldsymbol{a}|^2-\boldsymbol{a}\cdot\boldsymbol{b}-2|\boldsymbol{b}|^2$

$=16-(-4)-2\times4=12$.

(2) $|2\boldsymbol{a}-\boldsymbol{b}|=\sqrt{(2\boldsymbol{a}-\boldsymbol{b})\cdot(2\boldsymbol{a}-\boldsymbol{b})}=\sqrt{4\boldsymbol{a}\cdot\boldsymbol{a}-4\boldsymbol{a}\cdot\boldsymbol{b}+\boldsymbol{b}\cdot\boldsymbol{b}}=\sqrt{4|\boldsymbol{a}|^2-4\boldsymbol{a}\cdot\boldsymbol{b}+|\boldsymbol{b}|^2}$

$=\sqrt{4\times16-4\times(-4)+4}=2\sqrt{21}$.

(3)设向量 $\boldsymbol{a}$ 与 $\boldsymbol{a}+\boldsymbol{b}$ 的夹角为 θ，则 $\cos\theta=\frac{\boldsymbol{a}\cdot(\boldsymbol{a}+\boldsymbol{b})}{|\boldsymbol{a}|\ |\boldsymbol{a}+\boldsymbol{b}|}$.

因为 $\boldsymbol{a}\cdot(\boldsymbol{a}+\boldsymbol{b})=\boldsymbol{a}\cdot\boldsymbol{a}+\boldsymbol{a}\cdot\boldsymbol{b}=|\boldsymbol{a}|^2+\boldsymbol{a}\cdot\boldsymbol{b}=16+(-4)=12$，

$|\boldsymbol{a}+\boldsymbol{b}|=\sqrt{(\boldsymbol{a}+\boldsymbol{b})\cdot(\boldsymbol{a}+\boldsymbol{b})}=\sqrt{\boldsymbol{a}\cdot\boldsymbol{a}+2\boldsymbol{a}\cdot\boldsymbol{b}+\boldsymbol{b}\cdot\boldsymbol{b}}=\sqrt{|\boldsymbol{a}|^2+2\boldsymbol{a}\cdot\boldsymbol{b}+|\boldsymbol{b}|^2}$

$=\sqrt{16+2\times(-4)+4}=2\sqrt{3}$，

所以 $\cos\theta=\frac{\boldsymbol{a}\cdot(\boldsymbol{a}+\boldsymbol{b})}{|\boldsymbol{a}|\ |\boldsymbol{a}+\boldsymbol{b}|}=\frac{12}{4\times2\sqrt{3}}=\frac{\sqrt{3}}{2}$.

又因为 $\theta\in[0,\ \pi]$，所以 $\theta=\frac{\pi}{6}$，即 $\boldsymbol{a}$ 与 $\boldsymbol{a}+\boldsymbol{b}$ 的夹角为 $\frac{\pi}{6}$.

8. 因为向量 $\boldsymbol{a}=(1,\ 2)$，$\boldsymbol{b}=(-3,\ 2)$，所以 $|\boldsymbol{a}|=\sqrt{1^2+2^2}=\sqrt{5}$，$|\boldsymbol{b}|=\sqrt{(-3)^2+2^2}=\sqrt{13}$.

$\boldsymbol{a}\cdot\boldsymbol{b}=1\times(-3)+2\times2=1$.

(1) $|\boldsymbol{a}+\boldsymbol{b}|=\sqrt{(\boldsymbol{a}+\boldsymbol{b})\cdot(\boldsymbol{a}+\boldsymbol{b})}=\sqrt{\boldsymbol{a}\cdot\boldsymbol{a}+2\boldsymbol{a}\cdot\boldsymbol{b}+\boldsymbol{b}\cdot\boldsymbol{b}}=\sqrt{|\boldsymbol{a}|^2+2\boldsymbol{a}\cdot\boldsymbol{b}+|\boldsymbol{b}|^2}$

$=\sqrt{5+2\times1+13}=2\sqrt{5}$，

$|\boldsymbol{a}-\boldsymbol{b}|=\sqrt{(\boldsymbol{a}-\boldsymbol{b})\cdot(\boldsymbol{a}-\boldsymbol{b})}=\sqrt{\boldsymbol{a}\cdot\boldsymbol{a}-2\boldsymbol{a}\cdot\boldsymbol{b}+\boldsymbol{b}\cdot\boldsymbol{b}}=\sqrt{|\boldsymbol{a}|^2-2\boldsymbol{a}\cdot\boldsymbol{b}+|\boldsymbol{b}|^2}$

$=\sqrt{5-2\times1+13}=4$.

(2)当向量 $k\boldsymbol{a}+\boldsymbol{b}$ 与 $\boldsymbol{a}+3\boldsymbol{b}$ 垂直时，有 $(k\boldsymbol{a}+\boldsymbol{b})\cdot(\boldsymbol{a}+3\boldsymbol{b})=0$，

即 $k\boldsymbol{a}\cdot\boldsymbol{a}+(3k+1)\boldsymbol{a}\cdot\boldsymbol{b}+3\boldsymbol{b}\cdot\boldsymbol{b}=0$，即 $k|\boldsymbol{a}|^2+(3k+1)\boldsymbol{a}\cdot\boldsymbol{b}+3|\boldsymbol{b}|^2=0$，

所以 $5k+(3k+1)+39=0$，解得 $k=-5$.

所以，当 $k=-5$ 时，向量 $k\boldsymbol{a}+\boldsymbol{b}$ 与 $\boldsymbol{a}+3\boldsymbol{b}$ 垂直.

(3) 当向量 $k\boldsymbol{a}+\boldsymbol{b}$ 与 $\boldsymbol{a}+3\boldsymbol{b}$ 平行时，则存在实数 λ，使得 $k\boldsymbol{a}+\boldsymbol{b}=\lambda(\boldsymbol{a}+3\boldsymbol{b})$. 因为向量 $\boldsymbol{a}$，$\boldsymbol{b}$ 不共线，所以有 $k=\lambda$ 且 $3\lambda=1$，

解得 $k=\lambda=\frac{1}{3}$. 所以，当 $k=\frac{1}{3}$ 时，向量 $k\boldsymbol{a}+\boldsymbol{b}$ 与 $\boldsymbol{a}+3\boldsymbol{b}$ 平行. 又因为 $k\boldsymbol{a}+\boldsymbol{b}=\frac{1}{3}(\boldsymbol{a}+3\boldsymbol{b})$，所以向量 $k\boldsymbol{a}+\boldsymbol{b}$ 与 $\boldsymbol{a}+3\boldsymbol{b}$ 同向.

五、教学评价建议

(一)学业质量要求

根据《课程标准》要求，本单元课程内容学业质量要求见表 4-2.

表 4-2　第四单元学业质量要求

课程内容	质量描述	
	水平一	水平二
平面向量	在熟悉的单一情境中： 1. 了解平面向量、有向线段的概念，了解单位向量、零向量，相等向量、相反向量和共线向量的含义； 2. 理解向量的加法、减法和数乘运算及其几何意义； 3. 了解向量的坐标表示，向量坐标的加法、减法和数乘运算； 4. 了解平面向量内积的概念、运算和性质	在熟悉的关联情境中： 1. 达到水平一的 1～4； 2. 会进行向量的综合线性运算，同时也能进行相应坐标运算，能根据向量的坐标判断向量的位置关系

(二)参考例题与说明

例 1　化简：

(1)$\frac{1}{3}(3\boldsymbol{a}-6\boldsymbol{b})$；(2)$3(\boldsymbol{a}+\boldsymbol{b})-2(\boldsymbol{a}-\boldsymbol{b})$.

解　(1)$\frac{1}{3}(3\boldsymbol{a}-6\boldsymbol{b})=\frac{1}{3}\times3\boldsymbol{a}-\frac{1}{3}\times6\boldsymbol{b}=\boldsymbol{a}-2\boldsymbol{b}$.

(2)$3(\boldsymbol{a}+\boldsymbol{b})-2(\boldsymbol{a}-\boldsymbol{b})=3\boldsymbol{a}+3\boldsymbol{b}-2\boldsymbol{a}+2\boldsymbol{b}=\boldsymbol{a}+5\boldsymbol{b}$.

说明：本题应用向量的线性运算，主要考查向量线性运算的运算律掌握情况，属于学业水平一的要求.

例 2　已知向量 $\boldsymbol{a}=\left(4,\ -\frac{3}{4}\right)$，向量 $\boldsymbol{b}=\left(-2,\ \frac{3}{2}\right)$，若 $\overrightarrow{AB}=2\boldsymbol{a}+3\boldsymbol{b}$，且 $A(-1,\ 1)$，则点 B 的坐标为________.

解 $2\boldsymbol{a}+3\boldsymbol{b}=\left(8,\ -\dfrac{3}{2}\right)+\left(-6,\ \dfrac{9}{2}\right)=(2,\ 3)$.

设点 B 的坐标为$(x,\ y)$，则 $\overrightarrow{AB}=(x+1,\ y-1)=(2,\ 3)$，

所以 $x=1$，$y=4$，即 $B=(1,\ 4)$.

说明：本题是向量的综合线性运算，通过运算结果和向量坐标表示方法来求点的坐标，是考查向量坐标概念和线性运算的综合题型，属于学业水平二的要求.

六、教学资源拓展

(一)教学案例

1. 授课题目：平面向量的加法

2. 授课班级：高二年级某班

3. 内容分析

本节是北师大社版“十四五”职业教育国家规划教材《数学(拓展模块一上册)》第四单元第二节“平面向量的线性运算”第一课时的教学内容. 平面向量的加法主要内容为向量加法的法则和运算律. 向量的加法是向量线性运算中最基本的一种运算，既是对向量概念的巩固和应用，也是向量线性运算的起始课，是后续学习向量减法、向量数乘的基础. 因此，本节内容在整个单元中起着承上启下的作用.

4. 学情分析

学生在上节课中已经学习了向量的概念及表示、相等向量、平行向量等. 学生已经具备了一定的归纳、猜想能力，初步具备分析简单问题的能力. 但是中等职业学校学生的数学基础相对较弱，所以在教学中教师要因势利导，引导学生积极参与课堂，关注他们课堂的掌握情况.

5. 教学目标

(1)知识目标：理解向量的加法及其几何意义，会用向量加法的三角形法则和平行四边形法则作出两个向量的和向量；了解向量加法的运算律，并会用它们进行向量加法计算.

(2)能力目标：能够利用向量的三角形法则和平行四边形法则求出两个向量的和向量，能正确运用向量加法的交换律和结合律简化向量加法计算.

(3)素养目标：通过平面向量的加法运算发展学生的数学运算素养，注重培养学生积极参与、大胆探索的精神和合作意识，通过小组讨论与合作，让学生体验成功，培养学生学习数学的信心.

6. 教学重难点

重点：向量加法的两个法则及其应用；

难点：对向量加法定义的理解.

7. 教法学法

教学方法：问题情境教学法、启发式教学法和多媒体辅助教学法.

学习方法：小组合作法、自主探究法、练习巩固法.

8. 教学资源

多媒体一体机、互动学习平台.

9．教学过程

<table>
<tr><th colspan="2">教学环节</th><th>教学内容</th><th>师生活动</th><th>设计意图</th></tr>
<tr><td colspan="2">课前准备、自主学习</td><td>温习旧知：
(1)什么是向量？你还知道哪些向量的有关概念？向量和数的区别在哪里？
(2)物理中怎样求两个位移的和？怎样求两个力的合力？遵循什么法则？</td><td>教师提问，学生思考并回答</td><td>重温旧知，巩固已学知识，也为学习新知识做铺垫</td></tr>
<tr><td rowspan="2">课中</td><td>一、情境导入(5 分钟)</td><td>问题：从迪拜到杭州没有直航飞机，一旅行者要从迪拜到杭州，需先乘飞机从迪拜到上海，再从上海坐高铁到杭州，请问旅行者的这两次位移的和是什么？(从迪拜到杭州)</td><td>教师：引导学生把每个地方记为 1 个点．学生：回答求合位移的方法．最后引出向量加法的三角形法则</td><td>从学生熟悉的实际问题出发，激发学生的学习兴趣，使学生对本节课所必备的基础知识有一个清晰准确的认识，降低教学难点</td></tr>
<tr><td>二、新知讲解(10 分钟)</td><td>1．向量和的定义
当非零向量 $\boldsymbol{a}$ 与 $\boldsymbol{b}$ 不共线时，在平面内任取一点 A，作 $\overrightarrow{AB}=\boldsymbol{a}$，$\overrightarrow{BC}=\boldsymbol{b}$，则向量 $\overrightarrow{AC}$ 叫作 $\boldsymbol{a}$ 与 $\boldsymbol{b}$ 的和，记作 $\boldsymbol{a}+\boldsymbol{b}$，即 $\boldsymbol{a}+\boldsymbol{b}=\overrightarrow{AB}+\overrightarrow{BC}=\overrightarrow{AC}$.
求向量的和的运算，叫作向量的加法.
2．三角形法则
上述这种求向量和的方法称为向量加法的三角形法则.
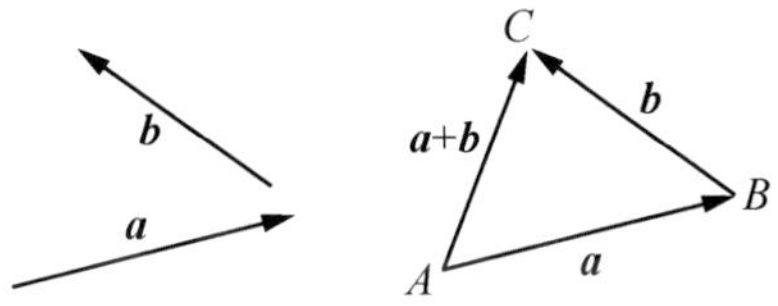

(1)三角形法则的特点：首尾相连.
(2)已知共线向量 $\boldsymbol{a}$，$\boldsymbol{b}$，作出 $\boldsymbol{a}+\boldsymbol{b}$.
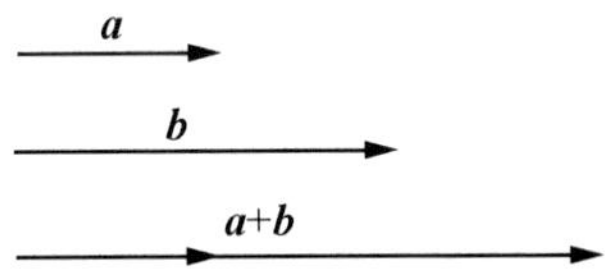

3．平行四边形法则
在▱$ABCD$ 中，对角线 AC 所表示的向量就是 $\overrightarrow{AD}$ 与 $\overrightarrow{AB}$ 的和，这种求两个向量和的方法叫作向量加法的平行四边形法则.
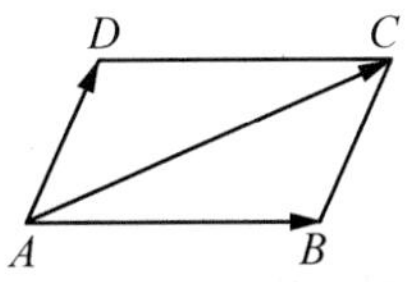

平行四边形法则的特点：首首相连.
4．向量加法的运算律
交换律：$\boldsymbol{a}+\boldsymbol{b}=\boldsymbol{b}+\boldsymbol{a}$.
结合律：$(\boldsymbol{a}+\boldsymbol{b})+\boldsymbol{c}=\boldsymbol{a}+(\boldsymbol{b}+\boldsymbol{c})$</td><td>基于情境中的位移问题，引出向量加法的定义以及三角形法则.

教师：要求每个人任意画两个向量，教师巡视，抽取共线向量画法.

学生：在纸上任意画向量.
教师：根据学生展示的共线向量，讲解这些特殊向量的加法.

教师：请同学们思考：怎么样用平行四边形法则去求 $\boldsymbol{a}$，$\boldsymbol{b}$ 的和向量？
学生：结合生活中力、速度等物理量尝试去求和向量.
教师：多媒体演示平行四边形法则的步骤.

教师：展示数的加法运算律.
学生：类比数的运算律写出向量加法的运算律</td><td>类比位移求和的原理，引出向量的加法，使学生认识到数学与物理间的紧密联系，进一步培养学生的数学应用意识和探索创新能力.
让学生主动参与课堂，调动学生的学习积极性，让学生在简单的活动任务中体验成就感．让学生真正理解向量加法的定义.

通过多媒体动画演示，使静态的知识动态呈现在学生的面前，既帮助学生理解定义，又渗透了数形结合、分类讨论思想．在比较中掌握知识，为灵活运用公式打下基础.

引导学生类比实数加法的运算律，得出向量加法的运算律，培养学生的类比、迁移能力</td></tr>
</table>

续表

教学环节		教学内容	师生活动	设计意图
课中	三、新知应用(15分钟)	**例1** 如图，已知向量 $\boldsymbol{a}$，$\boldsymbol{b}$，用向量的三角形法则和平行四边形法则分别作出 $\boldsymbol{a}+\boldsymbol{b}$. (1) 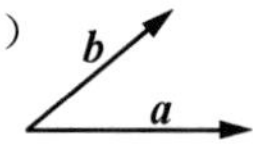 (2) 	学生：学生在学案上完成练习. 教师：点评补充. 师生：讨论和向量加法法则的选择.	利用向量加法的两个法则分别求和向量，能够及时巩固新知识，又可以启发学生如何选择合适的向量加法法则.
		例2 化简： (1)$\overrightarrow{AB}+\overrightarrow{CD}+\overrightarrow{BC}$； (2)$(\overrightarrow{MA}+\overrightarrow{BN})+(\overrightarrow{AC}+\overrightarrow{CB})$； (3)$\overrightarrow{AB}+(\overrightarrow{BD}+\overrightarrow{CA})+\overrightarrow{DC}$. 练习1 如图，$O$ 为正六边形 $ABCDEF$ 的中心，求出下列向量： (1)$\overrightarrow{OA}+\overrightarrow{OC}$； (2)$\overrightarrow{BC}+\overrightarrow{FE}$； (3)$\overrightarrow{OA}+\overrightarrow{FE}$. 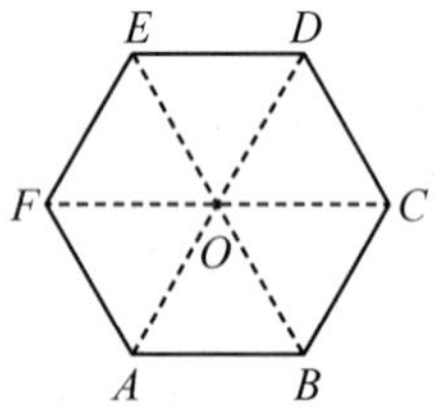	教师：讲解向量加法的运算技巧. 学生：尝试完成. 教师：点评并总结方法. 学生：通过小组合作形式完成练习1.	向量的拆分，不仅开阔了学生的思路，而且再一次体现了向量是沟通几何与代数的桥梁. 小组合作的形式可以有效降低学生课堂学习难度，互助互学可以提高学生课堂效率.
		例3 一艘船从点 A 出发以 $2\sqrt{3}$ km/h 的速度向垂直于对岸的方向行驶，同时河水以 2 km/h 的速度向东流，求船实际行驶速度的大小与方向. 变式： 一艘船从点 A 出发，要使得船只以 $2\sqrt{3}$ km/h 的速度垂直驶向对岸，同时河水以 2 km/h 的速度向东流，求船的航向及速度大小	教师：解读题意. 学生：尝试解决，并给出自己的答案. 教师：展示学生的解答并给出点评. 学生：思考变式题，小组合作形式完成. 教师：点评加总结	让学生主动去思考，努力去完成任务，培养学生团结合作的能力
	四、巩固提升(6分钟)	如图，正六边形 $AOBCDE$ 中，$\overrightarrow{OA}=\boldsymbol{a}$，$\overrightarrow{OB}=\boldsymbol{b}$. 用 $\boldsymbol{a}$，$\boldsymbol{b}$ 将 $\overrightarrow{OP}$，$\overrightarrow{OC}$ 表示出来 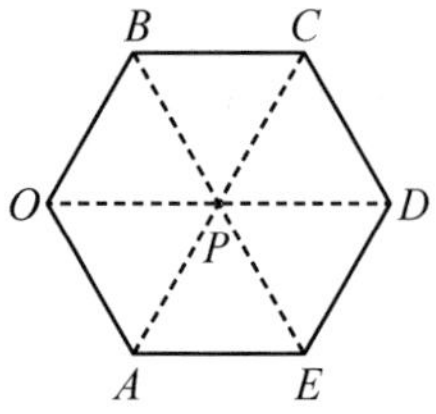	学生尝试独立给出答案	拓展延伸，提升学生独立思考问题的能力

续表

教学环节		教学内容	师生活动	设计意图
课中	五、课堂小结(4分钟)	1. 向量加法的三角形法则. 2. 向量加法的平行四边形法则. 3. 向量加法满足交换律和结合律，即：$\boldsymbol{a}+\boldsymbol{b}=\boldsymbol{b}+\boldsymbol{a}$，$(\boldsymbol{a}+\boldsymbol{b})+\boldsymbol{c}=\boldsymbol{a}+(\boldsymbol{b}+\boldsymbol{c})$	教师提问，学生回答的形式进行总结	巩固所学知识，进一步完善认知结构，并且使学生对自己的学习进行自我评价
课后作业		必做：《数学(拓展模块一上册)学习指导与能力训练》基础训练 选做：《数学(拓展模块一上册)学习指导与能力训练》提高训练	学生根据自身水平完成作业	分层作业设计可以让每一位学生收获不同层次的作业成就感，激发他们学习的自信心

(二)文献资源参考

[1]中华人民共和国教育部. 中等职业学校数学课程标准(2020年版)[M]. 北京：高等教育出版社，2020.

[2]于道洋，宁连华. 对平面向量教学的深度思考[J]. 数学通报，2021，60(07)：29-30.

[3]吕松涛，曹广福. 高中向量教学中数学思想的渗透[J]. 数学教育学报，2021，30(04)：19-24.

[4]章建跃. 利用几何图形建立直观，通过代数运算刻画规律——“平面向量及其应用”内容分析与教学思考[J]. 数学通报，2020，59(12)：4-13+29.

[5]吕松涛. 平面向量加法运算的本质及教学思考[J]. 数学通报，2020，59(09)：43-47.

[6]陈志江. 基于“三个理解”的平面向量单元教学构想[J]. 数学通报，2019，58(02)：30-33.

[7]黎栋材，王尚志. 平面向量基本定理教学设计[J]. 数学通报，2015，54(01)：29-31+37.

[8]朱胜强. 平面向量数量积的几何解释[J]. 数学通报，2014，53(09)：41-43+57.

[9]李振雷. 平面向量中几个概念的教学引入[J]. 数学通报，2014，53(03)：26-27+32.

[10]王海青. “平面向量基本定理”的教学重点及其建议[J]. 数学通报，2013，52(07)：30-32.

[11]陆正海. 基于课程理念的平面向量教学[J]. 数学通报，2012，51(08)：31-34+44.

[12]徐勇. 平面向量的几何意义的应用[J]. 数学通报，2009，48(02)：41-44.

[13]苏国安，陈雪梅. 对向量概念认知水平的研究[J]. 数学教育学报，2008(05)：58-61.

[14]陈雪梅. 学生怎样理解向量的线性相关性[J]. 数学教育学报，2007(02)：64-67.

[15]高峥，翁凯庆. 一种面向差错控制的认知观测系统模型——平面向量概念理解差错模式实证研究[J]. 数学教育学报，2006(02)：53-56.

[16]李自成. 关于“平面向量基本定理”的说课[J]. 数学通报，2006(04)：33-34.

[17]龚运勤. 平面向量解题初探[J]. 数学通报，2003(08)：27-28.

(三)职教高考真题展示

1. (2017浙江)在$\triangle ABC$中，向量表达式正确的是(　　).

A. $\overrightarrow{AB}+\overrightarrow{BC}=\overrightarrow{CA}$　B. $\overrightarrow{AB}-\overrightarrow{CA}=\overrightarrow{BC}$　C. $\overrightarrow{AB}-\overrightarrow{AC}=\overrightarrow{CB}$　D. $\overrightarrow{AB}+\overrightarrow{BC}+\overrightarrow{CA}=0$

2. (2019浙江)已知平行四边形$ABCD$，则$\overrightarrow{AB}+\overrightarrow{BC}=$(　　).

A. $\overrightarrow{BD}$　B. $\overrightarrow{DB}$　C. $\overrightarrow{AC}$　D. $\overrightarrow{CA}$

3.(2022 浙江)已知 $A(1,2)$,$B(4,1)$,则 $2\overrightarrow{AB}=($　　).

A.$(2,-3)$　　B.$(-6,2)$　　C.$(10,6)$　　D.$(6,-2)$

4.(2023 广东)向量 $\boldsymbol{a}=(x,2)$,$\boldsymbol{b}=(3,1-x)$.若 $\boldsymbol{a}\perp\boldsymbol{b}$,则 $x=($　　).

A.2　　B.1　　C.-1　　D.-2

5.(2022 广东)设向量 $\boldsymbol{a}=(x,1)$,$\boldsymbol{b}=(2,4)$.若 $\boldsymbol{a}$ 与 $\boldsymbol{b}$ 共线,则 $x=($　　).

A.2　　B.-2　　C.$\frac{1}{2}$　　D.$-\frac{1}{2}$

6.(2019 浙江)动点 M 在 y 轴上,当它与两定点 $E(4,10)$,$F(-2,1)$在同一条直线上时,点 M 的坐标是(　　).

A.$(0,6)$　　B.$(0,5)$　　C.$(0,4)$　　D.$(0,3)$

7.(2021 浙江)正三角形 ABC 的边长为 1,E 为 BC 边上的动点,则 $|\overrightarrow{AB}+\overrightarrow{BE}|$ 的最小值为(　　).

A.1　　B.$\frac{1}{2}$　　C.$\frac{\sqrt{3}}{2}$　　D.$\frac{\sqrt{3}}{4}$

8.(2018 浙江)如图,点 O 是正六边形 $ABCDEF$ 的中心,则 $\overrightarrow{OA}+\overrightarrow{OC}+\overrightarrow{OE}=($　　).

A.$\overrightarrow{AE}$　　B.$\overrightarrow{EA}$　　C.$\boldsymbol{0}$　　D.0

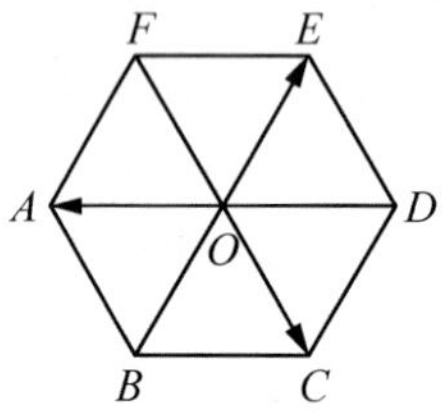

第 8 题图

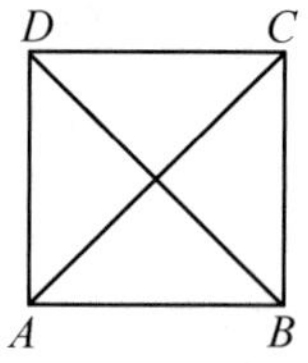

第 9 题图

9.(2020 浙江)如图,正方形 $ABCD$ 的边长为 1,则 $|\overrightarrow{AB}+\overrightarrow{BC}+\overrightarrow{CD}+\overrightarrow{DA}+\overrightarrow{AC}+\overrightarrow{BD}|=$(　　).

A.0　　B.$\sqrt{2}$　　C.2　　D.$2\sqrt{2}$

10.(2022 广东)已知向量 $\boldsymbol{a}=(1,1)$,$\boldsymbol{b}=(3,-4)$,设 $\boldsymbol{a}$ 与 $\boldsymbol{b}$ 的夹角为 θ,则 $\cos\theta=$________.

11.(2017 浙江)已知 $A(1,1)$,$B(3,2)$,$C(5,3)$,若 $\overrightarrow{AB}=\lambda\overrightarrow{CA}$,则 λ 的值为________.

参考答案

1.C. 2.C. 3.D. 4.D. 5.C. 6.C. 7.C. 8.C. 9.C

10.$-\frac{\sqrt{2}}{10}$.

11.$-\frac{1}{2}$.

第五单元　圆锥曲线

一、单元定位

椭圆、双曲线、抛物线统称为圆锥曲线．圆锥曲线是中职阶段解析几何的核心内容，是基础模块“直线和圆的方程”内容的延续，也是整个解析几何学的基础，起着承上启下的作用．本单元介绍了圆锥曲线的概念及其标准方程，运用数形结合的思想研究其几何性质．通过本单元的学习，学生能运用平面解析几何方法解决简单的数学问题和实际问题，感悟平面解析几何中蕴含的数学思想，提升直观想象、数学运算、数学建模、逻辑推理和数学抽象等核心素养．

二、教学要求

本单元内容包含椭圆、双曲线、抛物线的概念、标准方程、几何性质及应用．完成教学约需 13 学时，具体要求和学时分配建议见表 5-1．

表 5-1　第五单元具体要求和学时分配建议

主要内容	具体要求	学时分配
5.1 椭圆	理解椭圆的概念及标准方程；初步掌握椭圆的几何性质及应用	3 学时
5.2 双曲线	理解双曲线的概念及标准方程；初步掌握双曲线的几何性质及应用	3 学时
5.3 抛物线	理解抛物线的概念及标准方程；初步掌握抛物线的几何性质及应用	3 学时
综合应用	涉及三种曲线的综合应用	2 学时
灵活安排	复习与小结	2 学时
合计		13 学时

三、教材分析

(一)单元知识导图(图 5-1)

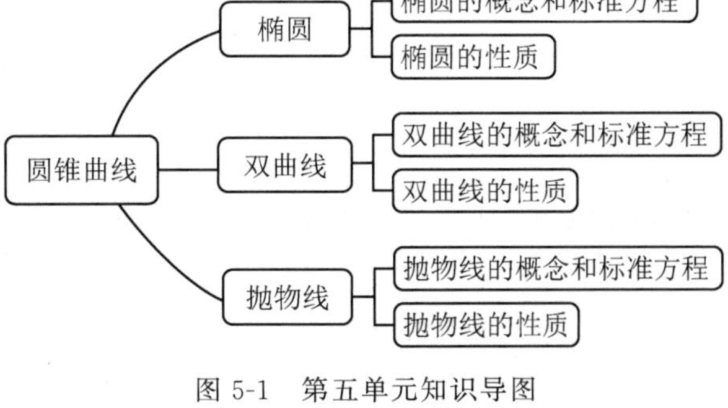

图 5-1　第五单元知识导图

(二)教材编写思路

本单元内容包括椭圆、双曲线、抛物线的标准方程以及它们的几何性质. 教材编写根据中职学生学习特点，注重基础，突出重点，强调直观. 本单元研究在平面直角坐标系中的椭圆、双曲线、抛物线的标准方程，即曲线的中心或顶点在原点，对称轴为坐标轴时的方程，通过对这种方程的讨论得到曲线的几何性质. 教材在编写过程中，以研究椭圆的几何性质为重点，教会学生研究的方法，在讨论曲线的几何性质时，加强数学思想的引导，注重代数运算逻辑推理的融合，体现解析几何的特征.

本单元是在学生学过两点间的距离公式、直线与圆的方程、曲线与方程的关系的基础上，进一步学习用坐标法研究曲线，利用方程研究曲线的几何性质，画出图形，符合知识生成发展的逻辑规律. 教材的编写从学生的学习实际出发，注意交代知识的来龙去脉，教给学生解决问题的思路，通过"观察思考""分析理解""抽象概括""随堂练习"等栏目，讲练结合，边学边练，及时巩固知识. 在教材的编写中特别突出数形结合的思想，同时还渗透了一些类比、化归、列方程等重要的数学思想方法，力求在传授知识的同时培养学生的数学能力.

(三)单元教学目标

知识目标：理解椭圆、双曲线、抛物线的概念及标准方程；初步掌握这三种曲线的几何性质及应用.

能力目标：能根据条件求出相应的椭圆、双曲线、抛物线的标准方程；能根据标准方程，得出曲线的几何性质；能熟练地利用代数方法解决几何问题.

素养目标：学生在圆锥曲线的标准方程和几何性质的学习过程中，感受数学"化繁为简"的思维，感悟数学的简洁之美，发展数学思维，培养数学抽象素养；在运用圆锥曲线运算的过程中，体验代数与几何的联系，培养学生的数学运算素养；养成"数形结合"研究问题的习惯，拓宽观察、分析问题的视野，提升从数学角度分析、解决问题的认知水平；经历合作学习的过程，树立团队合作的意识.

(四)单元重难点

重点：椭圆、双曲线、抛物线的概念、标准方程以及几何性质；

难点：椭圆、双曲线、抛物线的标准方程的推导；双曲线渐近线的概念理解；抛物线几何性质的发现.

四、教材教学建议

5.1 椭圆

(一)教学准备

1. 教师授课前，学生应掌握直线与二元一次方程的关系、圆的标准方程与一般方程之间的关系，为新知识的学习奠定基础.

2. 教师在课前准备学生们熟悉的椭圆案例素材，例如：我国"嫦娥三号"卫星运行的视频或图片，赵州桥的介绍视频或图片等. 本节教材中安排画椭圆的实验便于操作演示，教师要准备实验器材：

线绳、图钉、画笔、小木板(或画纸).

(二)教学内容

本节的主要内容是椭圆的概念、标准方程以及椭圆的范围、对称性、顶点、离心率等几何性质.

(三)教学目标

知识目标： 掌握椭圆的定义及标准方程；初步掌握椭圆的几何性质及应用.

能力目标： 能指出 a，b，c 的几何意义；能根据条件求出相应的椭圆的标准方程；能根据标准方程求椭圆的范围、对称性、顶点、离心率.

素养目标： 在椭圆的标准方程和几何性质的学习过程中，培养学生的化简意识，感悟数学的简洁之美，发展学生的数学抽象素养；在椭圆方程的运算过程中，体验代数与几何的相互转化过程，感受“数”与“形”的内在联系，体会数形结合的方法.

(四)教学重难点

重点： 椭圆标准方程及椭圆的几何性质；

难点： 椭圆标准方程的推导过程、离心率的概念.

(五)教学提示

序号	教学提示
1	本单元引入部分主要包含三方面，一是给出了我国“嫦娥三号”卫星的运行轨道近似椭圆的熟悉案例，该案例既可作为一个主线索素材介绍椭圆的定义，也是融入爱国主义和科学精神的思政教育素材；二是介绍了圆锥曲线的学科地位及特点，概括为圆锥曲线是解析几何的基础内容、数形结合方法的具体应用；三是介绍本单元的主要内容及其育人价值，重点体现为培育数学运算等 5 个学科核心素养.
2	通过师生的共同操作实验引入知识，是讲授椭圆定义的一个重要特色，它既能加深学生对概念的理解，又能提高学生的学习兴趣. 本节教材有具体的实验操作，建议将学生分小组来实施操作. 在教学演示时，应强调哪些条件是固定的，哪些条件是变化的，请学生表述符合条件的点的轨迹形状，最终由师生共同归纳出椭圆的定义.
3	在椭圆的标准方程的推导过程中，可以让学生探索不同的建坐标系的形式，最后选取一种美观、对称性好的形式，也就是同时关于 x 轴和 y 轴对称，得到的方程叫作焦点在 x 轴(y 轴)上的椭圆的标准方程. 要将焦点在 x 轴与焦点在 y 轴的椭圆标准方程进行比较，让学生发现它们的特点. 通过分析，引导学生发现在三个基本常量 a，b，c 中 a 最大.
4	教材第 5.1.1 节的例 1 是求椭圆的标准方程，关键是确定焦点的位置以及 a^2 和 b^2 的值. 根据焦点坐标得到焦点位置，根据题意可以求出 a 和 c，利用关系式 $a^2-c^2=b^2(b>0)$，求出 b^2，进而求出椭圆的标准方程，椭圆标准方程要注意书写格式，体现方程的“标准性”.
5	教材第 5.1.1 节的例 2 是根据椭圆方程求椭圆的焦点坐标和焦距. 例 2 中，需先把方程转化为椭圆的标准方程. 这时要强调“分母哪个大，哪个就是 a^2，另外一个就是 b^2”，进而求出 c^2，最后得到椭圆的焦点坐标和焦距.

续表

序号	教学提示
6	“合作交流”中提出：如何根据椭圆的标准方程判断椭圆焦点的位置？方法是：比较椭圆标准方程中的两个分母，如果含 x^2 项对应的分母大，那么这个分母就是 a^2，焦点就在 x 轴上；如果含 y^2 项对应的分母大，那么这个分母就是 a^2，焦点就在 y 轴上.
7	对椭圆几何性质的研究要数形结合，充分利用图形的直观性进行讲解，使学生加深对椭圆三个基本常量 a，b，c 的几何意义和相互关系的理解. 关于椭圆的范围，对于焦点在 x 轴上的椭圆，按照要求画出图形，根据图形直观地指出椭圆的范围. 同理，得到焦点在 y 轴上的椭圆的范围.
8	图形对称性本质就是图形上点的对称性，先明确“用 $-x$ 替换 x，方程不变，则曲线关于 y 轴对称；用 $-y$ 替换 y，方程不变，则曲线关于 x 轴对称；同时用 $-x$ 替换 x，用 $-y$ 替换 y，方程不变，则曲线关于原点对称. 上述问题清楚了，椭圆的对称性问题就迎刃而解了.
9	椭圆的离心率是反映椭圆扁平程度的一个量，即 $e=\frac{c}{a}$，因为 $a>c>0$，所以 $0<e<1$. 教材中详细地介绍了 e 的大小对椭圆形状的影响：e 越接近 1，椭圆越扁平；e 越接近 0，椭圆越接近圆. 这个时候可以将离心率比喻成“力气”，用力压一个塑料圆环，用力越大压得越扁.

(六)课程思政设计

在圆锥曲线引入环节中可设计我国“嫦娥三号”卫星发射和轨道运行的素材案例，说明中国航天事业的发展，体现国家的昌盛强大，渗透爱国主义和科学精神教育；也可设计我国著名的赵州桥案例，融入文化传承和文化自信教育，渗透工匠精神和劳动精神教育.

(七)课后习题答案

5.1.1 椭圆的概念和标准方程

随堂练习

1. A.　　2. C.

3. (1)焦点在 x 轴上的椭圆的标准方程为 $\frac{x^2}{a^2}+\frac{y^2}{b^2}=1$.

因为 $a=3$，$b=1$，所以椭圆的标准方程为 $\frac{x^2}{9}+y^2=1$.

(2)焦点在 y 轴上的椭圆的标准方程为 $\frac{y^2}{a^2}+\frac{x^2}{b^2}=1$. 因为 $a=4$，$c=\sqrt{15}$，

所以 $b^2=a^2-c^2=16-15=1$，所以椭圆的标准方程为 $\frac{y^2}{16}+x^2=1$.

5.1.2　椭圆的性质

随堂练习

1. B.

2. (1)焦点在 x 轴上的椭圆的标准方程为$\frac{x^2}{a^2}+\frac{y^2}{b^2}=1$.

因为 $a=6$，$e=\frac{2}{3}$，

所以 $c=4$，所以 $b^2=a^2-c^2=36-16=20$.

所以椭圆的标准方程为$\frac{x^2}{36}+\frac{y^2}{20}=1$.

(2)焦点在 y 轴上的椭圆的标准方程为$\frac{y^2}{a^2}+\frac{x^2}{b^2}=1$.

因为 $c=\sqrt{3}$，$e=\frac{\sqrt{3}}{6}$，

所以 $a=6$，$b^2=a^2-c^2=36-3=33$.

所以椭圆的标准方程为$\frac{y^2}{36}+\frac{x^2}{33}=1$.

(3)由题意知椭圆的焦点在 y 轴上，标准方程为$\frac{y^2}{a^2}+\frac{x^2}{b^2}=1$.

因为 $a=4$，$b=2$，

所以椭圆的标准方程为$\frac{y^2}{16}+\frac{x^2}{4}=1$.

习题 5.1

水平一

1. $\frac{x^2}{6}+\frac{y^2}{4}=1$. 2. $\frac{y^2}{25}+\frac{x^2}{9}=1$. 3. $\frac{x^2}{12}+\frac{y^2}{3}=1$ 或$\frac{y^2}{12}+\frac{x^2}{3}=1$.

4. (1)由题意可知 $a=3$，$b=2$，且焦点在 x 轴上，得 $c=\sqrt{5}$，则长轴长为 6，

短轴长为 4，焦距为 $2\sqrt{5}$，离心率 $e=\frac{\sqrt{5}}{3}$，焦点坐标为$(-\sqrt{5},\ 0)$，$(\sqrt{5},\ 0)$，

顶点坐标为$(-3,\ 0)$，$(3,\ 0)$，$(0,\ 2)$，$(0,\ -2)$，图略.

(2)由题意可知 $a=1$，$b=\frac{1}{2}$，且焦点在 y 轴上，得 $c=\frac{\sqrt{3}}{2}$，则长轴长为 2，

短轴长为 1，焦距为$\sqrt{3}$，离心率 $e=\frac{\sqrt{3}}{2}$，焦点坐标为$\left(0,\ -\frac{\sqrt{3}}{2}\right)$，$\left(0,\ \frac{\sqrt{3}}{2}\right)$，

顶点坐标为$(0,\ -1)$，$(0,\ 1)$，$\left(-\frac{1}{2},\ 0\right)$，$\left(\frac{1}{2},\ 0\right)$，图略.

5. 根据椭圆的定义 $2a=|PF_1|+|PF_2|$，又 $a=5$，$|PF_2|=3$，得$|PF_1|=7$.

水平二

1. (1)焦点在 x 轴上的椭圆的标准方程为$\frac{x^2}{a^2}+\frac{y^2}{b^2}=1$.

因为 $c=2\sqrt{3}$，$2a+2b=12$，$a^2-b^2=c^2$，

所以 $a=4$，$b=2$，

所以椭圆的标准方程为 $\frac{x^2}{16}+\frac{y^2}{4}=1$.

(2)由题意知 $a=3b$.

当焦点在 x 轴上时，$a=3$，$b=1$，则椭圆的标准方程为 $\frac{x^2}{9}+y^2=1$；

当焦点在 y 轴上时，$a=9$，$b=3$，则椭圆的标准方程为 $\frac{x^2}{9}+\frac{y^2}{81}=1$.

2. 由题意得 $3-m>2m-1$，$2m-1>0$，$3-m>0$，解得 $\frac{1}{2}<m<\frac{4}{3}$.

3. 根据题意设椭圆的标准方程为 $\frac{x^2}{a^2}+\frac{y^2}{b^2}=1$.

因为在椭圆 $\frac{x^2}{9}+\frac{y^2}{4}=1$ 中，$a_1=3$，$b_1=2$，$c_1=\sqrt{5}$，焦点坐标为 $(\pm\sqrt{5}, 0)$，

所以所求椭圆的焦点坐标为 $(\pm\sqrt{5}, 0)$，

所以 $c=\sqrt{5}$.

又因为离心率 $e=\frac{\sqrt{5}}{4}$，

所以 $a=4$.

所以 $a^2=16$，$b^2=11$.

因为椭圆的焦点在 x 轴上，

所以椭圆的标准方程为 $\frac{x^2}{16}+\frac{y^2}{11}=1$.

5.2 双曲线

(一)教学准备

学生初步认识圆锥曲线是从椭圆开始的，双曲线的学习是对其研究内容的进一步深化. 本节课的作用就是承接椭圆定义和标准方程的研究，加深对双曲线的标准方程及其简单几何性质的理解与应用.

教师在课前准备学生们熟悉的双曲线案例素材，例如：多幅故宫博物院珍藏陶瓷花瓶的图片，我国首座核电站超大型冷却塔——广东廉江核电项目一期工程冷却塔图片等. 本节教材中安排画双曲线的实验便于操作演示，教师应在课前准备好实验器材：一条两边不等长的拉链、图钉、铅笔、画纸.

(二)教学内容

本节的主要内容是双曲线的概念、标准方程以及双曲线的范围、对称性、顶点、离心率、渐近线等几何性质.

(三)教学目标

知识目标： 理解双曲线的概念及标准方程；初步掌握双曲线的几何性质及应用.

能力目标：能指出 a，b，c 的几何意义，能根据已知条件求出双曲线的标准方程；能根据标准方程，指出双曲线的范围、对称性、顶点、离心率.

素养目标：通过本节的学习，借助具体实例认知双曲线，发展学生直观想象素养；借助几何画板归纳双曲线定义，发展学生数学抽象素养；在双曲线方程的相关运算过程中，发展学生的数学运算素养；经历将几何关系转化为坐标运算的过程，体会数形结合思想方法.

(四)教学重难点

重点：双曲线的标准方程及其几何性质；

难点：双曲线标准方程的推导过程、离心率的概念.

(五)教学提示

序号	教学提示
1	双曲线也是一种重要的圆锥曲线，在生活中有着广泛的应用. 学生已经学习了椭圆，基本掌握了椭圆的有关问题及其研究方法，而双曲线的研究方法与步骤和椭圆相同，它们的标准方程也非常相似，可以进行知识的迁移. 本节教材整体来看是两大块内容，一是双曲线定义及标准方程，二是双曲线的几何性质.
2	教师可以先让学生回顾椭圆是如何定义的，再通过师生的共同操作实验引入知识，它既能加深学生对概念的理解，又能提高学生的学习兴趣. 本节教材有具体的实验操作，建议将学生分小组来实施操作.
3	通过实验演示，最终由师生共同归纳出双曲线的定义. 双曲线定义中要强调“常数(拉链两边的长度差)”小于 $\|F_1F_2\|$，否则画不出图形，由此得到 $a<c$，在双曲线问题的讨论中起重要作用.
4	在双曲线标准方程的推导过程中，可以让学生探索不同的建坐标形式，最后选取一种美观、对称性好的形式，也就是同时关于 x 轴和 y 轴对称，得到的方程叫作焦点在 x 轴(y 轴)上的双曲线的标准方程. 将焦点在 x 轴与焦点在 y 轴上的双曲线标准方程进行比较，让学生发现它们的特点. 引导学生发现在双曲线方程的三个基本常量 a，b，c 中，c 最大.
5	教材第 5.2.1 节中，例 1 是根据双曲线方程求双曲线的焦点坐标和焦距，要先确定焦点的位置，再确定 a^2 和 b^2，求出 c^2，从而得到双曲线的焦点坐标和焦距. 例 2 是求双曲线的标准方程，关键是确定焦点的位置以及求出 a^2 和 b^2，题目给出了焦点的位置，可以先求出 $2a$，$2c$，再求出 a 和 c，利用关系式 $b^2=c^2-a^2(b>0)$，求出 b^2，进而求出双曲线的标准方程，注意方程的书写格式，体现“标准性”.
6	“合作交流”中提出：如何根据双曲线的标准方程判断双曲线的焦点位置？方法是：比较标准方程中的两个平方项的系数的正负，如果含 x^2 项的系数为正，那么这个系数的分母就是 a^2，焦点就在 x 轴上；如果含 y^2 项的系数为正，那么这个系数的分母就是 a^2，焦点就在 y 轴上.
7	对双曲线几何性质的研究要数形结合，充分利用图形的直观性进行讲解，使学生加深对双曲线三个基本常量 a，b，c 的几何意义和相互关系的理解. 对于双曲线的范围，当焦点在 x 轴上时，按照教材要求画出图形，教材图 5-10，根据图形直观地指出双曲线的范

续表

序号	教学提示
	围. 同理，得到焦点在 y 轴上的双曲线的范围. 双曲线与它的对称轴的交点叫作双曲线的顶点，教材在此处给出实轴、虚轴的概念，并强调双曲线的基本常量 a，b，c 的几何意义，要提醒学生这与椭圆方程中 a，b，c 的关系不同.
8	焦点在 x 轴上的双曲线的渐近线方程为 $y=\pm\frac{b}{a}x$，焦点在 y 轴上的双曲线的渐近线方程为 $y=\pm\frac{a}{b}x$. 通过图像帮助学生直观地理解“渐进”的含义.
9	双曲线的离心率是描述双曲线开口大小的一个量，因为 $c>a>0$，所以 $e>1$. 教材中详细地介绍了 e 的大小对双曲线形状的影响：e 越大，双曲线的开口就越大. 为巩固双曲线的几何性质设置了例题：教材第 5.2.2 节的例 1 是双曲线性质的训练题，教材第 5.2.2 节的例 2 是利用性质求双曲线的标准方程，教材中对作图没有明确要求，但教师应引导督促学生养成画图的习惯，通过图形的直观性发现 a，b，c，e 之间的关系.

(六)课程思政设计

双曲线的引入环节，展示多幅故宫博物院珍藏陶瓷花瓶的素材，说明我国古代劳动人民的智慧，体现工匠精神，渗透民族自豪感；展示我国首座核电站超大型冷却塔——广东廉江核电项目一期工程冷却塔图片，体现国家科技进步、国家强大，渗透爱国主义和科学精神教育.

(七)习题答案

5.2.1 双曲线的概念和标准方程

随堂练习

1. C.　　2. D.

3. 由题意可知 $a^2=144$，$b^2=25$，则 $c=13$，所以焦点坐标为 $(0, -13)$，$(0, 13)$，焦距为 26.

5.2.2 双曲线的性质

随堂练习

1. 6；8；10；$(-5, 0)$，$(5, 0)$；$(-3, 0)$，$(3, 0)$，$\frac{5}{3}$，$y=\pm\frac{4}{3}x$.

2. A.

3. (1)由题意知 $a=4$，$b=7$，则双曲线的标准方程为 $\frac{x^2}{16}-\frac{y^2}{49}=1$ 或 $\frac{y^2}{16}-\frac{x^2}{49}=1$.

(2)由题意知 $a=6$，$c=7$，得 $a^2=36$，$b^2=13$，则双曲线的标准方程为 $\frac{x^2}{36}-\frac{y^2}{13}=1$ 或 $\frac{y^2}{36}-\frac{x^2}{13}=1$.

习题 5.2

水平一

1. $\frac{x^2}{6}-\frac{y^2}{7}=1$. 2. $k<-3$ 或 $k>4$. 3. 2 或 18.

4. (1)由题意知 $a=3$，$b=2$ 且焦点在 x 轴上，则实轴长为 6，虚轴长为 4，焦距为 $2\sqrt{13}$，

焦点坐标为 $(-\sqrt{13},0)(\sqrt{13},0)$，顶点坐标为 $(-3,0)(3,0)$，离心率 $e=\frac{\sqrt{13}}{3}$，

渐近线方程为 $y=\pm\frac{2}{3}x$，图略.

(2)将双曲线的方程化为标准形式为 $\frac{y^2}{4}-\frac{x^2}{2}=1$，则 $a=2$，$b=\sqrt{2}$，得 $c=\sqrt{6}$，所以实轴长为 4，虚轴长为 $2\sqrt{2}$，焦距为 $2\sqrt{6}$，焦点坐标为 $(0,-\sqrt{6})$，$(0,\sqrt{6})$，顶点坐标为 $(0,-2)$，$(0,2)$，离心率 $e=\frac{\sqrt{6}}{2}$，渐近线方程为 $y=\pm\sqrt{2}x$，图略.

5. (1)由题意知双曲线焦点在 y 轴上，所以标准方程为 $\frac{y^2}{a^2}-\frac{x^2}{b^2}=1$，

由 $c=5$，$a=3$，得 $b^2=16$，则所求双曲线的标准方程为 $\frac{y^2}{9}-\frac{x^2}{16}=1$.

(2)焦点在 x 轴上的双曲线的标准方程为 $\frac{x^2}{a^2}-\frac{y^2}{b^2}=1$，其中 $a=2\sqrt{5}$ 且过点 $A(5,-2)$，

代入方程得 $b^2=16$，则所求双曲线的标准方程为 $\frac{x^2}{20}-\frac{y^2}{16}=1$.

(3)设双曲线的标准方程为 $\frac{y^2}{a^2}-\frac{x^2}{b^2}=1$，由题意知 $b=\sqrt{6}$，$c=4$，得 $a^2=10$.

则所求双曲线的标准方程为 $\frac{y^2}{10}-\frac{x^2}{6}=1$.

(4)设双曲线的标准方程为 $\frac{y^2}{a^2}-\frac{x^2}{b^2}=1$，由题意知 $a=6$ 且渐近线方程为 $y=\pm\frac{3}{4}x$，

得 $b=8$，则双曲线的标准方程为 $\frac{y^2}{36}-\frac{x^2}{64}=1$

水平二

1. (1)设双曲线的标准方程为 $\frac{x^2}{a^2}-\frac{y^2}{b^2}=1$. 因为 $c=13$，$a+b=17$，$a^2+b^2=c^2$，

所以 $a=12$，$b=5$ 或 $a=5$，$b=12$，则双曲线的标准方程为 $\frac{x^2}{144}-\frac{y^2}{25}=1$ 或 $\frac{x^2}{25}-\frac{y^2}{144}=1$.

(2)由 $2a+c=10$，$e=\frac{c}{a}=3$，得 $a=2$，$c=6$，$b^2=32$.

则双曲线的标准方程为 $\frac{x^2}{4}-\frac{y^2}{32}=1$ 或 $\frac{y^2}{4}-\frac{x^2}{32}=1$.

(3)若双曲线的焦点在 x 轴上，则 $\frac{b}{a}=\frac{\sqrt{3}}{2}$ 且 $c=2\sqrt{7}$，得 $a^2=16$，$b^2=12$. 所以双曲线的标准

方程为$\frac{x^2}{16}-\frac{y^2}{12}=1$.

若双曲线的焦点在 y 轴上，则$\frac{a}{b}=\frac{\sqrt{3}}{2}$且 $c=2\sqrt{7}$，得 $b^2=16$，$a^2=12$. 所以双曲线的标准方程为$\frac{y^2}{12}-\frac{x^2}{16}=1$.

2. 根据题意，设双曲线的方程为$\frac{x^2}{16}-\frac{y^2}{9}=\lambda$. 把点 $P\left(2\sqrt{2},\ -\frac{3}{2}\right)$的坐标代入方程，

得 $\lambda=\frac{1}{4}$，则双曲线的标准方程为$\frac{x^2}{4}-\frac{y^2}{\frac{9}{4}}=1$.

3. 因为双曲线$\frac{x^2}{16}-\frac{y^2}{4}=1$的焦点坐标为$(\pm 2\sqrt{5},\ 0)$，

所以所求双曲线的焦点也为$(\pm 2\sqrt{5},\ 0)$.

所以所求双曲线的焦点在 x 轴上，$c=2\sqrt{5}$.

又因为双曲线过点 $P(-3\sqrt{2},\ 2)$，

所以$\begin{cases} c^2=a^2+b^2=20, \\ \frac{18}{a^2}-\frac{4}{b^2}=1, \end{cases}$

所以 $a^2=12$，$b^2=8$.

所以双曲线的标准方程为$\frac{x^2}{12}-\frac{y^2}{8}=1$.

5.3 抛物线

(一)教学准备

1. 本节的内容在前面学习椭圆和双曲线的基础上，通过类比椭圆、双曲线的研究过程与方法，先抽象抛物线的几何特征，然后通过坐标法建立它的标准方程，再利用方程研究它的几何性质，并利用这些性质解决简单的实际问题.

2. 教师在课前准备学生们熟悉的抛物线案例素材. 例如：中国天眼的竖截面的视频或图片，反光镜工作原理的视频或图片，篮球明星的投篮轨迹视频或图片等. 本节教材中安排画抛物线的实验便于操作演示，教师应在课前准备好实验器材：一条拉链、三角板、铅笔、画纸.

(二)教学内容

本节的主要内容是抛物线的概念、标准方程以及抛物线的范围、对称性、顶点、离心率等几何性质.

(三)教学目标

知识目标：理解抛物线的概念及标准方程；初步掌握抛物线的几何性质及应用.

能力目标：能指出 p 的几何意义，能根据条件求出相应的抛物线的标准方程，能根据标准方程，指出抛物线的范围、对称性、顶点、离心率.

素养目标：在抛物线的标准方程和几何性质的学习过程，感悟数学的简洁之美，发展学生的数学抽象素养；经历将几何关系转化为代数关系的过程，感受“数”与“形”的内在联系，体会数形结合的思想方法.

(四)教学重难点

重点：抛物线标准方程及抛物线的几何性质；

难点：抛物线标准方程的推导过程.

(五)教学提示

序号	教学提示
1	学生对抛物线是有认知基础的，初中及中职阶段学习的二次函数图像就是一种抛物线. 通过演示操作来认识抛物线，并研究它的几何特征，从而得到抛物线的定义. 本节有实验操作，建议将学生分成小组来实施操作.
2	教师可以通过抛物线标准方程的推导过程，让学生进一步理解求曲线方程的方法——坐标法，使用坐标法的一般步骤：建系—设点—列式—化简—检验，让学生体验研究解析几何的基本思想，感受圆锥曲线在刻画现实世界和解决实际问题中的作用，进一步体会数形结合的思想.
3	在推导抛物线的标准方程的过程中，教师要重视对参数 $p(p>0)$的分析，指出 p 是抛物线的基本量，其几何意义是指抛物线的焦点到准线的距离，焦点 $F\left(\frac{p}{2}, 0\right)$和准线 $x=-\frac{p}{2}$都可以根据 p 求出. 也可以从极限的角度再次强调抛物线的定义中定点 F 不在定直线 l 上.
4	在教学中给学生留出足够的时间对抛物线的四个方程进行辨析和理解. 帮助学生快速区别抛物线方程与焦点位置的关系，从方程的角度研究曲线间的关系及曲线性质的方法.
5	教材第 5.3.1 节的例 1 是根据抛物线方程求抛物线的焦点坐标和准线方程，要先确定焦点的位置，再求出 p 的值，从而得到抛物线的焦点坐标和准线方程. 教材第 5.3.1 节的例 2 是求抛物线的标准方程，关键是确定焦点的位置和 p 的值，例 2(1)给出焦点的位置，再确定 p 的值，进而求出抛物线的标准方程；例 2(2)焦点的位置未知，但是知道准线方程，于是可以知道焦点的位置，进而求出 p 的值.
6	对抛物线几何性质的研究要数形结合，类比椭圆和双曲线的几何性质，充分利用图形的直观性进行讲解，使学生加深对抛物线四种方程的几何性质的理解. 为巩固抛物线的几何性质设置了例题：教材第 5.3.2 节的例 1 是已知准线求抛物线的标准方程的训练题；教材第 5.3.2 节的例 2 是已知抛物线上的点求抛物线标准方程的训练题，要注意分类讨论；教材第 5.3.2 节的例 3 是利用抛物线性质解决简单实际问题的训练题.

(六)课程思政设计

在抛物线引入环节中：可设计中国天眼的素材案例，说明国家科技事业的发展，体现国家昌盛强大，渗透爱国主义和科学精神教育；也可设计我国著名的赵州桥案例，融入文化传承和文化自信教育，渗透工匠精神和劳动教育精神.

(七)习题答案

5.3.1 抛物线的概念和标准方程

随堂练习

1. B. 2. C.

3. (1)因为$\frac{p}{2}=5$，

所以 $p=10$.

又因为抛物线的焦点在 x 轴正半轴上，

所以抛物线的标准方程为 $y^2=20x$.

(2)根据题意设抛物线的标准方程为 $x^2=-2py(p>0)$.

因为$\frac{p}{2}=\frac{3}{8}$，所以 $p=\frac{3}{4}$.

因为抛物线的焦点在 y 轴负半轴上，

所以抛物线的标准方程为 $x^2=-\frac{3}{2}y$.

5.3.2 抛物线的性质

随堂练习

1. 图略.

当抛物线焦点在 x 轴正半轴上时，设抛物线的标准方程为 $y^2=2px(p>0)$. 把点 $M(2,-2\sqrt{2})$的坐标代入方程，得抛物线的标准方程为 $y^2=4x$.

2. 当抛物线的焦点在 x 轴负半轴上时，设抛物线的标准方程为 $y^2=-2px(p>0)$. 把点 $M(-3, 6)$的坐标代入方程，得抛物线的标准方程为 $y^2=-12x$.

当抛物线焦点在 y 轴正半轴上时，设抛物线的标准方程为 $x^2=2py(p>0)$. 把点 $M(-3, 6)$的坐标代入方程，

得抛物线的标准方程为 $x^2=\frac{3}{2}y$.

习题 5.3

水平一

1. $y^2=-16x$. 2. $\left(\frac{3}{4}, 0\right)$，$x=-\frac{3}{4}$. 3. $x^2=\frac{8}{3}y$.

4. 设抛物线的标准方程为 $y^2=-2px(p>0)$. 由题意知 $p=12$，得椭圆的标准方程为 $y^2=-24x$.

5. 当抛物线的焦点在 x 轴负半轴上时，设抛物线的标准方程为 $y^2=-2px(p>0)$. 把点 $M(-2, 4)$的坐标代入方程，得抛物线的标准方程为 $y^2=-8x$.

当抛物线的焦点在 y 轴正半轴上时，设抛物线的标准方程为 $x^2=2py(p>0)$. 把点 $M(-2, 4)$的坐标代入方程，得抛物线的标准方程为 $x^2=y$.

水平二

1.(1)当抛物线的焦点在 x 轴正半轴上时，设抛物线的标准方程为 $y^2=2px(p>0)$．由题意知 $\frac{p}{2}=1$，

则抛物线的标准方程为 $y^2=4x$．

当抛物线的焦点在 x 轴负半轴上时，设抛物线的标准方程为 $y^2=-2px(p>0)$．由题意知 $\frac{p}{2}=1$，

则抛物线的标准方程为 $y^2=-4x$．

(2)当抛物线焦点在 x 轴负半轴时，设方程为 $y^2=-2px$，把点 $M(-3, -9)$ 的坐标代入方程，得抛物线方程为 $y^2=-27x$．

当抛物线焦点在 y 轴负半轴时，设方程为 $x^2=-2py$，把点 $M(-3, -9)$ 的坐标代入方程，得抛物线方程为 $x^2=-y$．

2. 设点 P 的坐标为 (m, n)．由已知方程得 $\frac{p}{2}=2$，则 $m=3$．

代入抛物线的方程得 $n=\pm2\sqrt{6}$，则点 P 的坐标为 $(3, \pm2\sqrt{6})$．

3. 由题意知抛物线的焦点坐标为 $(-4, 0)$．设抛物线的标准方程为 $y^2=-2px(p>0)$．由题意知 $\frac{p}{2}=4$，所以 $p=8$．

所以抛物线的标准方程为 $y^2=-16x$．

单元检测

水平一

1. D.　2. C.　3. D.　4. B.　5. A.

6. 因为 $c=3$，$e=\frac{3}{5}$，所以 $a=5$，$b=4$．

因为椭圆的焦点在 y 轴上，

所以椭圆的标准方程为 $\frac{y^2}{25}+\frac{x^2}{16}=1$．

7. 由题意知 $a=12$，$c=13$，所以 $b=5$．

因为焦点在 y 轴上，

所以双曲线的标准方程为 $\frac{y^2}{144}-\frac{x^2}{25}=1$．

8. 因为抛物的焦点在 y 轴的正半轴且 $p=\frac{1}{2}$，所以抛物线方程 $x^2=y$．

水平二

1. 4.　　2. $(-\infty, 1)\cup(4, +\infty)$．　　3. $y=1$．

4. 由题意知 $a=2b$．

若焦点在 x 轴上，则椭圆的标准方程为 $\frac{x^2}{4b^2}+\frac{y^2}{b^2}=1$．把点 $P(4, 1)$ 的坐标代入方程，

得 $b^2=5$，于是得椭圆的标准方程为 $\frac{x^2}{20}+\frac{y^2}{5}=1$；

若焦点在 y 轴上，则椭圆的标准方程为$\frac{y^2}{4b^2}+\frac{x^2}{b^2}=1$，把点 $P(4,1)$的坐标代入方程，

得 $b^2=\frac{65}{4}$，则椭圆的标准方程为$\frac{y^2}{65}+\frac{x^2}{\frac{65}{4}}=1$.

5. 由题意知$\frac{p}{2}=1$，得 $p=2$，则抛物线的标准方程为 $y^2=4x$.

6. 根据题意，设所求双曲线的标准方程为$\frac{x^2}{a^2}-\frac{y^2}{b^2}=1$. 把点$(3\sqrt{2},2)$的坐标代入方程，

有$\frac{18}{a^2}-\frac{4}{b^2}=1$，且 $a^2+b^2=20$，经计算得 $a^2=12$，$b^2=8$.

故所求双曲线的标准方程为$\frac{x^2}{12}-\frac{y^2}{8}=1$.

五、教学评价建议

(一)学业质量要求

根据《课程标准》要求，本单元课程内容学业质量要求如表 5-2.

表 5-2　第五单元学业质量要求

课程内容	质量描述	
	水平一	水平二
圆锥曲线	在熟悉的单一情境中： 1. 理解椭圆的概念及标准方程；掌握椭圆的几何性质. 2. 理解双曲线的概念及标准方程；掌握双曲线的几何性质. 3. 理解抛物线的概念及标准方程；掌握抛物线的几何性质	在熟悉的关联情境中： 1. 达到水平一的 1～3. 2. 会用坐标法解决解析几何问题，会用三种圆锥曲线的几何性质解决简单的实际应用问题

(二)参考例题与说明

例 1　已知椭圆的两焦点坐标分别是 $F_1(-6,0)$，$F_2(6,0)$，椭圆上的点到焦点 F_1，F_2 的距离之和是 20，求椭圆的标准方程.

解　根据题意，得椭圆的焦点在 x 轴上，所以设椭圆的标准方程为

$$\frac{x^2}{a^2}+\frac{y^2}{b^2}=1\quad(a>b>0).$$

由题意知 $c=6$，$a=10$.

所以 $b^2=a^2-c^2=100-36=64$.

将 $a^2=100$，$b^2=64$ 代入方程中，得椭圆的标准方程为$\frac{x^2}{100}+\frac{y^2}{64}=1$.

说明：本例题为单一情境下求椭圆的标准方程，主要考查数学抽象、数学运算等学科核心素养，属于学业水平一的要求.

例 2　求椭圆 $16x^2+9y^2=144$ 的焦点坐标和焦距.

解　将椭圆的方程化为标准方程得 $\frac{y^2}{16}+\frac{x^2}{9}=1$,

所以椭圆的焦点在 y 轴上，$a^2=16$，$b^2=9$.

又因为 $c^2=a^2-b^2=16-9=7$，所以 $c=\sqrt{7}$.

所以焦点坐标为 $(0,\ -\sqrt{7})$，$(0,\ \sqrt{7})$，焦距 $2c=2\sqrt{7}$.

说明：本例题为关联情境下求椭圆的焦点坐标和焦距，主要考查逻辑推理、数学运算等学科核心素养，属于学业水平二的要求.

例 3　已知椭圆方程为 $\frac{x^2}{25}+\frac{y^2}{9}=1$，求椭圆的长轴长、短轴长、焦距、离心率、焦点坐标及顶点坐标.

解　由题可知，椭圆的焦点在 x 轴上，其中 $a=5$，$b=3$，$c=\sqrt{a^2-b^2}=4$,

所以椭圆的长轴长 $2a=10$，短轴长 $2b=6$，焦距 $2c=8$，离心率 $e=\frac{4}{5}$，焦点坐标为 $(-4,\ 0)$，$(4,\ 0)$，顶点坐标为 $(-5,\ 0)$，$(5,\ 0)$，$(0,\ -3)$，$(0,\ 3)$.

说明：本例题为单一情境下求椭圆的几何性质，主要考查数学运算的学科核心素养，属于学业水平一的要求.

例 4　已知双曲线的两个顶点坐标分别为 $(0,\ -4)$，$(0,\ 4)$，离心率为 $\frac{3}{2}$，求双曲线的标准方程.

解　根据题意，知双曲线的焦点在 y 轴上，所以设双曲线的标准方程为

$$\frac{y^2}{a^2}-\frac{x^2}{b^2}=1(a>0,\ b>0).$$

因为 $a=4$，$e=\frac{3}{2}$,

所以 $c=6$，$b^2=c^2-a^2=36-16=20$.

则双曲线的标准方程为 $\frac{y^2}{16}-\frac{x^2}{20}=1$.

说明：本例题为关联情境下求双曲线的标准方程，主要考查逻辑推理、数学运算等学科核心素养，属于学业水平二的要求.

例 5　如图 5-2 所示，建一座抛物线形拱桥，其跨度为 32 米，高为 4 米，建桥时在拱桥下每隔 1 米竖一支柱，求离桥中心线 10 米处支柱 MN 的长.（精确到小数点后一位）

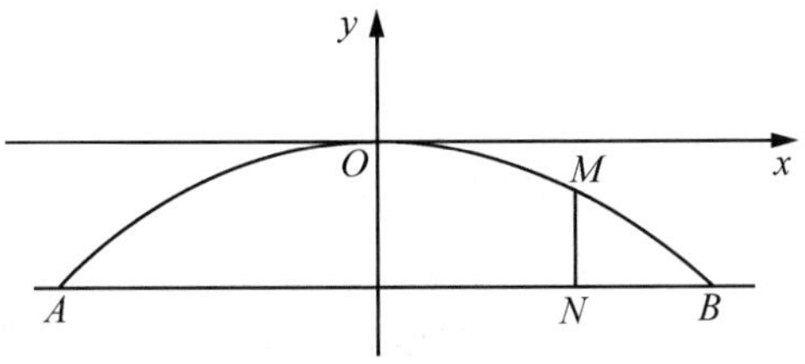

图 5-2

解　以抛物线形拱桥的轴为 y 轴，拱顶为顶点，建立平面直角坐标系，设抛物线的标准方程为 $x^2=-2py(p>0)$，则点 B 的坐标为 $(16,\ -4)$，将点 B 的坐标代入抛物线方程，得

$$16^2=-2p\times(-4),$$

整理，得 $p=32$.

所以所求抛物线的标准方程为 $x^2=-64y$.

因为 M 离桥中心线 10 米，设 $M(10,\ y_1)$.

把点 M 的坐标代入抛物线方程 $x^2=-64y$，有 $10^2=-64y_1$，整理得 $y_1=-\dfrac{25}{16}$.

所以 $|MN|=4-\dfrac{25}{16}=\dfrac{39}{16}\approx 2.4$.

故支柱 MN 的长约为 2.4 米.

说明：本例题为关联情境下利用抛物线的性质解决实际问题，主要考查逻辑推理、数学运算等学科核心素养，属于学业水平二的要求.

六、教学资源拓展

(一)教学案例

1. 授课题目：椭圆的概念和标准方程

2. 授课班级：高二年级某班

3. 内容分析

本节是北师大社版“十四五”职业教育国家规划教材《数学(拓展模块一上册)》第五单元第一节“椭圆的概念和标准方程”第一课时的教学内容. 在《数学(基础模块下册)》第六单元《直线与圆的方程》中，我们学习了圆的几何特征：定点、定长，并且在平面直角坐标系中用坐标法给出了圆的方程. 本节课，我们将研究圆的这种方法拓展到椭圆，最后推导出椭圆的标准方程. 本节课内容是学生继续学习椭圆几何性质的基础，椭圆是圆锥曲线中的代表性图形，它与双曲线、抛物线在概念、性质上具有基本类似特点. 椭圆的学习为学生后续研究双曲线、抛物线提供了参照方法及理论基础. 因此，本节内容在整个单元中具有承前启后的作用.

4. 学情分析

知识与技能基础：学生对用坐标法研究解析几何有了一定的了解，初步具备了用坐标法解决解析几何问题的经验.

认知与实践基础：由于椭圆的几何特征比圆的几何特征复杂，学生对于从哪个角度入手研究椭圆的几何特征会感到困惑，所以需要学生主动参与画椭圆的过程.

学习特点：学生主动学习意识偏弱，思维不够连贯，计算能力达不到解决椭圆标准方程化简的要求，代数式的化简是学生本节课学习过程中的一个障碍. 学生对方程中出现多个根式的处理缺乏经验和运算能力.

5. 教学目标

(1)**知识目标**：理解椭圆的概念及标准方程.

(2)**能力目标**：能根据条件求出相应的椭圆的标准方程.

(3)**素养目标**：在椭圆的标准方程的学习过程中，感受数学“化繁为简”的思维，发展学生的数学抽象素养；在将几何关系转化为代数关系的过程中，感受“数”与“形”的内在联系，体会数形结合的思想方法.

6. 教学重难点

重点：椭圆的定义及其标准方程；

难点：椭圆标准方程的推导过程.

7．教法学法

(1)教学方法：启发式教学法、任务驱动法、演示法．

(2)学习方法：观察类比法、自主探究法、分析归纳法．

8．教学资源

多媒体一体机，互动学习平台，微课等．

9．教学过程

<table>
<tr><th colspan="2">教学环节</th><th>教学内容</th><th>师生活动</th><th>设计意图</th></tr>
<tr><td colspan="2">课前准备
自主学习</td><td>复习圆的方程及推导方法
<table><tr><td>圆的标准方程</td><td></td></tr><tr><td>圆的一般方程</td><td></td></tr></table></td><td>(1)发布预习微课；
(2)布置复习问卷；
(3)检查学生完成情况</td><td>复习圆的方程及推导过程，为新课作铺垫，培养学生自主学习的习惯</td></tr>
<tr><td rowspan="3">课中</td><td>环节一：
创设情境
(2分钟)</td><td>对称性是数学美的最重要的特征．在日常生活与学习中，可以见到很多有关椭圆的形象，如下图所示的国家大剧院与水面形成的倒影、油罐车横截面都呈椭圆的形状

</td><td>教师：展示图片，引导学生观察椭圆的实例，列举生活中的椭圆实例．
学生：认真观察，积极回答问题，并举例说明</td><td>通过具体的情境，让学生对椭圆有一个直观的印象，同时类比圆的定义，抽象出椭圆的几何定义．发展学生的数学抽象、直观想象等核心素养</td></tr>
<tr><td>环节二：
实验操作，
主动探究
(5分钟)</td><td>取一条一定长度的线绳、两枚图钉、一支笔和一小块木板，按照下面的步骤画一个椭圆．
(1)将线绳的两端固定在木板的 F_1 和 F_2 处，并使线绳的长大于 F_1 和 F_2 的距离．
(2)用笔尖把线绳拉紧，让线绳保持拉紧状态，笔尖在木板上慢慢移动一周，观察画出的图形．
通过观察，说出椭圆的几何要素有哪些？基于这些几何要素，我们该如何抽象出椭圆的定义？</td><td>教师：布置操作方法，巡视课堂，个别指导．
学生：动手完成任务，展示成果，明晰椭圆的几何要素</td><td>让学生通过操作探究活动，更深刻地理解椭圆的定义，体会画椭圆的方法及定义中的关键要素．发展学生数学抽象的学科素养</td></tr>
<tr><td>环节三：
抽象概括，
形成概念
(3分钟)</td><td>椭圆的概念：平面内与两个定点 F_1，F_2 的距离之和为常数(大于 $|F_1F_2|$)的点的轨迹叫作椭圆．这两个定点 F_1，F_2 叫作椭圆的焦点，两个焦点的距离 $|F_1F_2|$ 叫作椭圆的焦距．</td><td>教师：引导学生概括椭圆的定义．
学生：说出椭圆的定义</td><td>提高学生归纳的能力，发展学生数学抽象的学科素养</td></tr>
</table>

续表

<table>
<tr><th colspan="2">教学环节</th><th>教学内容</th><th>师生活动</th><th>设计意图</th></tr>
<tr><td rowspan="4">课中</td><td>环节四：合理建系，推导方程(10分钟)</td><td>如何建立平面直角坐标系可使得椭圆方程形式简单.
以 F_1，F_2 所在的直线为 x 轴，以线段 F_1，F_2 的中点为坐标原点建立平面直角坐标系.
由椭圆的定义，得 $|MF_1|+|MF_2|=2a$.
根据两点间的距离公式，分别代入点 M 及两定点 F_1，F_2 的坐标，得
$\sqrt{(x+c)^2+y^2}+\sqrt{(x-c)^2+y^2}=2a$，
整理得到椭圆的标准方程为
$$\frac{x^2}{a^2}+\frac{y^2}{b^2}=1.$$
类似地，可以得到焦点在 y 轴上的椭圆的标准方程为 $\frac{y^2}{a^2}+\frac{x^2}{b^2}=1$</td><td>教师：在椭圆上建立平面直角坐标系，写出椭圆定义的代数表示，并强调用坐标法解决几何问题的重要性.
教师：指导学生化简得到椭圆的方程.(注：根据学生学习能力，适当安排化简过程)
学生：认真作图，建坐标系，跟随教师进行化简.
学生：积累两个根式和的等式化简的经验，为双曲线方程的推导积累经验</td><td>根据椭圆的对称性选择最佳建坐标系的方法推导椭圆的方程，引导学生在化简时要注意分析式子的结构特征，选择对应的化简方法，提高运算能力. 发展学生数学运算的学科素养，培养学生坚韧不拔的意志品质</td></tr>
<tr><td>环节五：典型例题，巩固提高(12分钟)</td><td>例1　已知椭圆的两焦点坐标分别是 $F_1(-6,0)$，$F_2(6,0)$，椭圆上的某点到焦点 F_1，F_2 的距离和是20，求此椭圆的标准方程.
例2　求椭圆 $16x^2+9y^2=144$ 的焦点坐标和焦距.
练习：已知 $\frac{x^2}{2t-1}+\frac{y^2}{t+1}=1$ 表示焦点在 x 轴上的椭圆，求 t 的值</td><td>教师：引导学生阅读题目，分析题目条件，对条件之间的关系做出解释. 规范解题过程.
学生：认真作答，独立完成</td><td>使学生体验椭圆定义在解题中的作用. 培养学生先分析条件、再选择方法解题的数学习惯，提高学生的数学运算能力</td></tr>
<tr><td>环节六：拓展延伸，开拓思维(5分钟)</td><td>拓展题：已知椭圆的两个焦点坐标分别是 $(-2,0)$，$(2,0)$，并且经过点 $\left(\frac{5}{2},-\frac{3}{2}\right)$，求它的标准方程</td><td>学生：思考并尝试解决问题.
教师：指导点拨学生，一起完成</td><td>提高学生独立思考和自主解决问题的能力</td></tr>
<tr><td>环节七：归纳小结，加强记忆(3分钟)</td><td>小结椭圆几何定义及标准方程知识点<table>
<tr><td>定义</td><td colspan="2">$|MF_1|+|MF_2|=2a$
$(2a>2c>0)$</td></tr>
<tr><td>图形</td><td>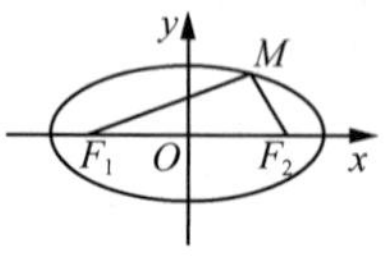</td><td>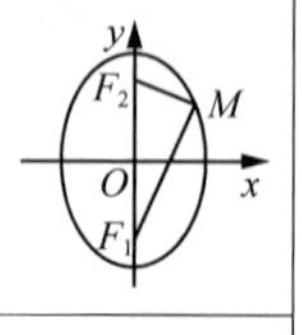</td></tr>
<tr><td>方程</td><td>$\frac{x^2}{a^2}+\frac{y^2}{b^2}=1$
$(a>b>0)$</td><td>$\frac{y^2}{a^2}+\frac{x^2}{b^2}=1$
$(a>b>0)$</td></tr>
<tr><td>焦点</td><td>$F(\pm c,0)$</td><td>$F(0,\pm c)$</td></tr>
<tr><td>a，b，c 之间的关系</td><td colspan="2">$c^2=a^2-b^2$</td></tr>
</table></td><td>教师：引导学生完成表格填写.
学生：总结本节课所学内容，完成表格填写</td><td>总结方程特征，明确方程与焦点的对应关系. 通过总结，让学生进一步巩固本节所学内容，提高概括能力</td></tr>
</table>

续表

教学环节		教学内容	师生活动	设计意图
课中	环节七：归纳小结，加强记忆（3分钟）	椭圆两种方程形式的共同点：椭圆的标准方程表示的一定是焦点在坐标轴上，中心在坐标原点的椭圆；方程的左边是平方和，右边是1. 区分：焦点在 x 轴上的椭圆，x^2 项的分母较大．焦点在 y 轴上的椭圆，y^2 项的分母较大		
作业布置		必做：《数学（拓展模块一上册）学习指导与能力训练》基础训练 选做：《数学（拓展模块一上册）学习指导与能力训练》提高训练	学生根据自身水平完成作业	分层作业设计可以让每一位学生收获不同层次的作业成就感，激发他们学习的自信心

(二)文献资源参考

[1]刘炜．HPM与数学实验耦合的教学实践——以人教版《圆锥曲线与方程》章引言的教学为例[J]．数学通报，2022，61(12)：42-46.

[2]吴立宝，刘琦琦，巩雅楠．数学单元教学内容分析框架——以圆锥曲线的方程为例[J]．数学通报，2022，61(10)：16-19+59.

[3]王海青，曹广福．高中圆锥曲线的概念教学重构[J]．数学教育学报，2022，31(04)：7-13.

[4]张城兵．一道考查学生数学核心素养的好试题——评析2019年高考浙江卷圆锥曲线题多种解法[J]．数学教学，2021(09)：35-40.

[5]贺万一．一道圆锥曲线模考题的命制历程[J]．数学通讯，2021(16)：52-57.

[6]王宁．探讨圆锥曲线一个几何性质[J]．数学通报，2021，60(06)：54-58.

[7]曾荣．单元教学的整体设计与课时实施——以“圆锥曲线”单元教学为例[J]．数学通报，2021，60(03)：33-37.

[8]杨松松，王东伟．一个圆锥曲线统一性质的变式探究[J]．数学通讯，2021(04)：40+51.

[9]杨勇．章节起始课教学应关注的几个维度——以“圆锥曲线”起始课为例[J]．数学通报，2021，60(01)：52-56.

[10]吕兆勇．“圆锥曲线”章节起始课的教学设计[J]．数学通讯，2020(24)：16-22.

[11]王海青，李晓波．从阿波罗尼斯到柯西：“圆锥曲线”研究方法的变迁[J]．数学通报，2018，57(10)：26-31.

[12]陈慧，邹佳晨．圆锥曲线之起源与发展简史[J]．数学教学，2016(05)：39-41.

[13]徐道奎．从圆锥曲线的教学提问看课堂提问的方式与时机把握[J]．数学通报，2015，54(08)：44-46+62.

[14]张映姜．欣赏圆锥曲线体验历史文化[J]．数学通报，2012，51(11)：41-43.

[15]黄桂君．圆锥曲线性质的类比——类比推理教学中的经典案例[J]．数学通报，2012，51(08)：25-26+30.

[16]汪晓勤，王苗，邹佳晨．HPM视角下的数学教学设计：以椭圆为例[J]．数学教育学报，2011，20(05)：20-23.

(三)职教高考真题展示

1.(2023 广东)椭圆$\frac{x^2}{4}+\frac{y^2}{3}=1$的离心率为(　　).

A. 2　　B. $\sqrt{3}$　　C. $\frac{\sqrt{3}}{2}$　　D. $\frac{1}{2}$

2.(2021 浙江)若椭圆$\frac{x^2}{4}+\frac{y^2}{m}=1$的一个焦点坐标为(0，-3)，则该椭圆的离心率为(　　).

A. $\frac{3\sqrt{5}}{5}$　　B. $\frac{4}{13}$　　C. $\frac{3}{13}$　　D. $\frac{3\sqrt{13}}{13}$

3.(2023 广东)抛物线$x^2=2y$的准线方程为(　　).

A. $y=-\frac{1}{2}$　　B. $y=\frac{1}{2}$　　C. $x=-\frac{1}{2}$　　D. $x=\frac{1}{2}$

4.(2022 广东)已知抛物线$x^2=-2y$上的点M到点$\left(0,\ -\frac{1}{2}\right)$的距离为 5，则点$M$到直线$y=\frac{1}{2}$的距离为(　　).

A. $\frac{2}{5}$　　B. $\frac{5}{2}$　　C. 4　　D. 5

5.(2020 重庆)已知椭圆C的中心在原点，右焦点的坐标为$(\sqrt{5},\ 0)$，半长轴与半短轴的长度之和为 5，则C的标准方程为(　　).

A. $\frac{x^2}{5}+\frac{y^2}{9}=1$　　B. $\frac{x^2}{4}+\frac{y^2}{9}=1$　　C. $\frac{x^2}{9}+\frac{y^2}{5}=1$　　D. $\frac{x^2}{9}+\frac{y^2}{4}=1$

6.(2021 浙江)已知双曲线的渐近线方程为$y=\pm 2x$，实轴长为 4，则该双曲线的标准方程是(　　).

A. $\frac{x^2}{4}-\frac{y^2}{16}=1$　　B. $\frac{y^2}{4}-\frac{x^2}{16}=1$或$\frac{x^2}{4}-y^2=1$

C. $\frac{x^2}{4}-y^2=1$　　D. $\frac{x^2}{4}-\frac{y^2}{16}=1$或$\frac{y^2}{4}-x^2=1$

7.(2022 浙江)已知双曲线$\frac{x^2}{4}-\frac{y^2}{12}=1$的两个焦点为$F_1$，$F_2$，以线段$F_1F_2$为直径的圆与双曲线在第一象限的交点为$P$，则$\triangle F_1PF_2$的面积为(　　).

A. $4\sqrt{3}$　　B. $6\sqrt{3}$　　C. 12　　D. 24

8.(2018 浙江)方程$\sqrt{(x+3)^2+y^2}+\sqrt{(x-3)^2+y^2}=10$所表示的曲线为(　　).

A. 圆　　B. 椭圆　　C. 双曲线　　D. 抛物

9.(2019 浙江)已知椭圆中心在原点且对称轴为坐标轴，它与双曲线$x^2-\frac{y^2}{3}=1$有且仅有两个公共点，它们的离心率之积为 1，则该椭圆的标准方程为________.

10.(2021 浙江)如图，$F(4,0)$为椭圆的右焦点，M是该椭圆上的点，若$\triangle OMF$是正三角形，则该椭圆的长轴长为________.

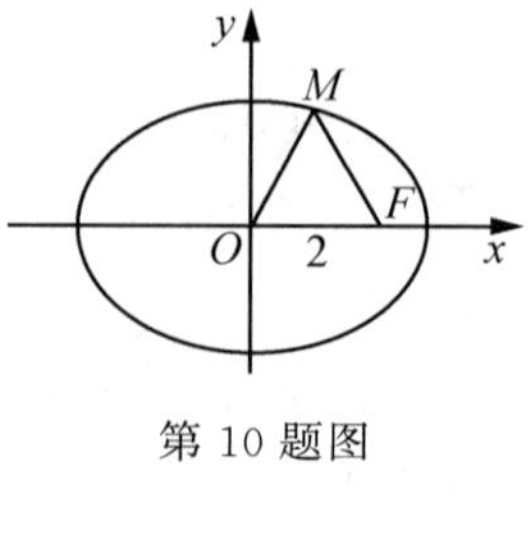

第 10 题图

11.(2021 重庆)已知椭圆C的标准方程为$\frac{x^2}{4}+y^2=1$.

(1)求以椭圆C的四个顶点为顶点的四边形的面积；

(2)设过左顶点 M 的直线 l 与椭圆 C 交于另一点 N，且 $|MN|=\frac{4\sqrt{2}}{5}$，求 l 的方程.

12.(2022 重庆)已知椭圆 C 的方程为 $9x^2+16y^2=144$.

(1)求 C 的焦点坐标；

(2)若直线 $y=kx+7$ 与 C 无交点，求 k 的取值范围.

13.(2023 广东)已知双曲线 C：$\frac{x^2}{a^2}-\frac{y^2}{2}=1(a>0)$的右焦点为 $F(2,0)$，P 是 C 左支上一点，点 $M(0,2)$，连接 PF 和 PM.

(1)求 C 的方程；

(2)当 $|PF|+|PM|$ 取得最小值时，求点 P 的坐标.

14.(2022 广东)已知椭圆和双曲线 $\frac{x^2}{4}-\frac{y^2}{5}=1$ 有共同焦点 F_1，F_2，且椭圆的离心率为 $\frac{3}{5}$.

(1)求该椭圆的标准方程；

(2)设点 P 是该椭圆与该双曲线左支的交点，求 $\cos\angle F_1PF_2$ 的值；

(3)若以 F_2 为圆心，半径为 r 的圆与该椭圆没有交点，求 r 的取值范围.

15.(2021 浙江)已知抛物线的顶点为原点，准线为 l：$y=-\frac{1}{3}$.

(1)求该抛物线的标准方程；

(2)过焦点 F 的直线与该抛物线相交于 A，B 两点，若 $|AB|=\frac{8}{3}$，求直线 AB 的方程.

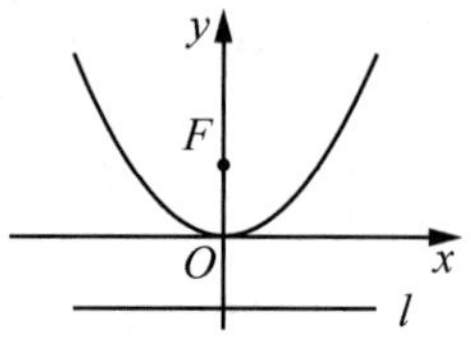

第 15 题图

16.(2022 浙江)椭圆 $\frac{x^2}{a^2}+\frac{y^2}{b^2}=1(a>b>0)$ 的焦距为 $2\sqrt{2}$，离心率 $e=\frac{\sqrt{6}}{3}$，过点$(-2,\ 0)$的直线与椭圆交于 A，B 两点，且线段 AB 的中点坐标为$\left(-\frac{1}{2},\ y_0\right)$. 求：

(1)该椭圆的标准方程；

(2)y_0 的值.

参考答案

1. D. 2. D. 3. A. 4. D. 5. D. 6. D. 7. C. 8. B

9. $x^2+\frac{y^2}{\frac{3}{4}}=1$ 或 $\frac{y^2}{\frac{4}{3}}+x^2=1$.

10. $4+4\sqrt{3}$.

11. (1)面积为 4.

(2)$M(-2,\ 0)$，设直线方程为 $y=k(x+2)$.

$\begin{cases} y=k(x+2), \\ \frac{x^2}{4}+y^2=1, \end{cases}$ 消 y 得$(1+4k^2)x^2+16k^2x+16k^2-4=0$.

$|MN|=\sqrt{1+k^2}\frac{\sqrt{(16k^2)^2-4(1+4k^2)(16k^2-4)}}{1+4k^2}=\frac{4\sqrt{2}}{5}$，化简得$\frac{\sqrt{1+k^2}}{1+4k^2}=\frac{\sqrt{2}}{5}$.

解得 $k=\pm1$，则直线方程为 $y=x+2$ 或 $y=-x-2$.

12.(1)$\frac{x^2}{16}+\frac{y^2}{9}=1$，所以 $F(\pm\sqrt{7},0)$.

(2)$\begin{cases}y=kx+7,\\9x^2+16y^2=144,\end{cases}$化简得$(16k^2+9)x^2+224kx+640=0$.

因为 $\Delta<0$，所以 k 的取值范围是$-\frac{\sqrt{10}}{2}<k<\frac{\sqrt{10}}{2}$.

13.(1)$a^2+2=4$，$a^2=2$，则双曲线方程是$\frac{x^2}{2}-\frac{y^2}{2}=1$.

(2)因为 P 在双曲线左支上，设左焦点为 F_1，则 $|PF|=|PF_1|+2a$，

$|PF|+|PM|=|PF_1|+2a+|PM|$，而 $|PF_1|+|PM|$ 最小值即为 MF_1 的连线 $|MF_1|$，$(|PF|+|PM|)_{\min}=|MF_1|+2a=4\sqrt{2}$，此时点 P 为 MF_1 的连线与双曲线左支的交点，即

$\begin{cases}y=x+2,\\x^2-y^2=2,\end{cases}$解得 $x=-1.5$，$y=0.5$，则 P 点坐标为$(-1.5,0.5)$.

14.(1)由 $c^2=9$，则 $c=3$，$e=\frac{3}{5}$，所以 $a=5$，$b=4$，该椭圆的标准方程为$\frac{x^2}{25}+\frac{y^2}{16}=1$.

(2)设 $|PF_1|=m$，$|PF_2|=n$，$\begin{cases}m+n=10,\\n-m=4,\end{cases}$解得$\begin{cases}m=3,\\n=7,\end{cases}$在$\triangle PF_1F_2$ 中，由余弦定理得 $\cos\angle F_1PF_2=\frac{11}{21}$.

(3)因为$|PF_2|_{\max}=a+c=8$，$|PF_2|_{\min}=a-c=2$，又椭圆与圆没有交点，则 $r\in(0,2)\cup(8,+\infty)$.

15.(1)$x^2=\frac{4}{3}y$.

(2)设直线方程为 $y=kx+\frac{1}{3}$，则$\begin{cases}y=kx+\frac{1}{3},\\x^2=\frac{4}{3}y,\end{cases}$化简得 $3x^2-4kx-\frac{4}{3}=0$.

$|AB|=\sqrt{1+k^2}\frac{\sqrt{16(1+k^2)}}{3}=\frac{8}{3}$，解得 $k=\pm1$，则直线方程为 $y=x+\frac{1}{3}$或 $y=-x+\frac{1}{3}$.

16.(1)$2c=2\sqrt{2}$，$c=\sqrt{2}$，由离心率得 $a=\sqrt{3}$，$b=1$，则椭圆方程为$\frac{x^2}{3}+y^2=1$.

(2)设直线 AB 方程为 $y=k(x+2)$，联立$\begin{cases}y=k(x+2),\\x^2+3y^2=3,\end{cases}$化简得$(1+3k^2)x^2+12k^2x+12k^2-3=0$，(a)

设 $A(x_1,y_1)$，$B(x_2,y_2)$，则 x_1，x_2 是方程(a)的两根，所以 $x_1+x_2=-\frac{1}{2}=-\frac{12k^2}{1+3k^2}$，

解得 $k=\pm\frac{1}{3}$. 因为 $y_0=k\left(-\frac{1}{2}+2\right)=\frac{3k}{2}$，所以 $y_0=\frac{1}{2}$或$-\frac{1}{2}$.

第六单元 立体几何

一、单元定位

几何学是研究现实世界中物体的形状、大小与位置关系的学科，“立体几何”是几何学的重要组成部分. 它和人们的生活密切相关，源于大自然和日常生活，又反过来以此来指导人们的生产和生活. 中职立体几何是在初中平面几何学习的基础上开设的，进一步认识点、线、面之间的位置关系. 著名数学家阿蒂尔曾说：“几何直观是增进数学理解力的有效途径，而且它可以使人增加勇气，提高修养”. 本单元的学习对于培养学生的空间想象能力、思维能力，建立空间观念，加强对现实世界的直观认识有着重要的意义.

二、教学要求

本单元内容包含平面的基本性质，点、线、面之间的位置关系，直线与直线的位置关系，直线与平面的位置关系，平面与平面的位置关系. 完成教学约需要 14 学时. 具体要求和学时分配建议见表 6-1.

表 6-1 第六单元具体要求和学时分配建议

主要内容	内容要求	学时分配
6.1 平面的基本性质	了解平面的概念；理解平面性质的三个公理；了解点、线、面关系的符号表示	2 学时
6.2 直线与直线的位置关系	理解空间中直线与直线的位置关系；理解异面直线的定义及判定方法；了解异面直线所成角的概念；理解异面直线垂直的判定方法	2 学时
6.3 直线与平面的位置关系	理解空间中直线与平面的位置关系；了解直线与平面所成角的概念；理解直线与平面平行、直线与平面垂直的判定定理和性质定理	4 学时
6.4 平面与平面的位置关系	理解空间中平面与平面的位置关系；了解二面角及二面角的平面角的概念；理解平面与平面平行、平面与平面垂直的判定定理和性质定理	4 学时
灵活安排	复习与小结	2 学时
合计		14 学时

三、教材分析

（一）单元知识导图（图 6-1）

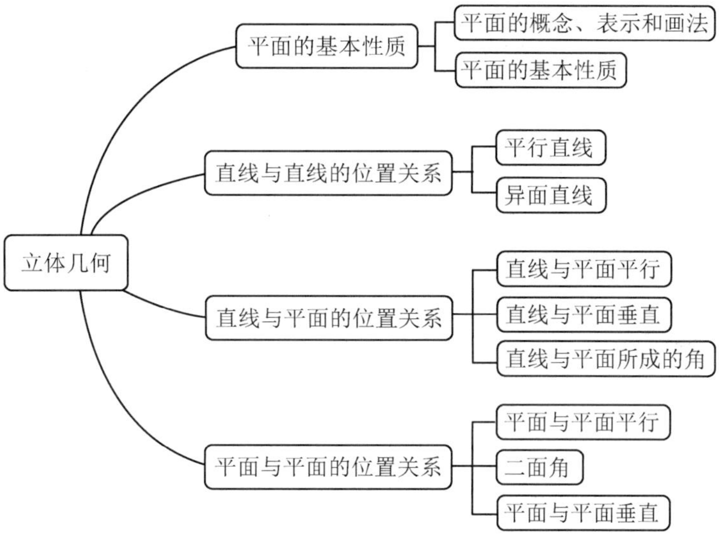

图 6-1　第六单元知识导图

（二）教材编写思路

教材对简单几何体内容的编排展现了研究一个数学对象的一般方法和路径，即现实情境—观察思考—抽象出平面的概念—直线与直线的位置关系—直线与平面的位置关系—平面与平面的位置关系—数学园地—单元小结—单元检测．教材在单元序语中介绍了我国首颗火星探测器“天问一号”的发射，前期工作中探测器模型的研制需要大量的立体几何知识作为基础，从而引出本单元知识．通过多个现实生活情境，如西瓜表面、静止的湖面等逐步抽象出平面的概念和性质．每一节都是先提出问题，比如在铅球比赛中怎么用皮尺准确测量比赛成绩，以正方体为载体观察直线与直线的位置关系，都是先提出问题引发思考探究，抽象出概念或者定理，再用发散思维寻找性质并进行应用．通过“数学园地”的空间直角坐标系内容拓宽了学生对坐标的认识．设“单元小结”，总结归纳立体几何知识，对平面的基本性质、三种位置关系进行学习指导．最后通过两种水平的单元检测题来评价学生的学业质量．这样编排教材，既符合中职学生学习的认知规律，也满足课程内容要求．

（三）单元教学目标

知识目标： 理解平面性质的三个公理，直线与直线的位置关系，异面直线的定义及判定方法，异面直线垂直的判定方法，直线与平面的位置关系，直线与平面平行、直线与平面垂直的判定定理和性质定理，平面与平面平行、平面与平面垂直的判定定理和性质定理；了解平面的概念，点、线、面关系的符号表示，异面直线所成的角的概念，直线与平面所成的角的概念，二面角及二面角的平面角的概念．

能力目标： 会用数学符号表示点、线、面以及它们之间的关系，会求异面直线所成的角，会判断直线与直线、直线与平面、平面与平面的位置关系，会求线面角、二面角的大小．

素养目标： 通过立体几何的学习，建立空间观念，实现从具体到抽象、从感性到理性的升华，培养学生的直观想象素养；运用直观感知、推理论证、度量计算等认识和探索空间图形的性质，培养学生的逻辑推理和数学运算素养．结合教材中融入的发射卫星等素材，培养严谨求实、一丝不苟和科学理性的精神，增强学习自信，树立热爱生活、报效祖国的正确价值观．

(四)单元重难点

重点：平面性质的三个公理，异面直线所成的角及其求法，直线与平面所成的角及其求法，线面平行、垂直的判定定理及性质定理，面面平行、垂直的判定定理及性质定理，二面角的概念及二面角的大小的求法；

难点：二面角的概念以及二面角大小的求法，平面与平面平行的判定，平面与平面垂直的判定．

四、教材教学建议

6.1 平面的基本性质

(一)教学准备

1．教师授课前，学生应储备以下知识：回顾义务教育阶段学过的三角形、四边形、正方体等平面图形及立体图形的概念和性质的相关知识；回顾初中点、线、面的位置关系；准备好作图工具，如直尺、铅笔、橡皮等．

2．教师授课前准备生活中学生熟悉的实物图形案例素材，例如：西瓜皮、榴莲、桌面、静止的水面等实物或图片；用软件提前绘制好三角形、四边形等各类生活中可能出现的平面图形或者立体图形．

(二)教学内容

本节主要内容是平面的概念，平面的表示法与画法，平面的基本性质．

(三)教学目标

知识目标：理解平面性质的三个公理；了解平面的概念，点、线、面关系的符号表示．

能力目标：会用三个公理来证明共线、共面问题，会用数学符号表示点、线、面以及它们之间的关系．

素养目标：通过平面性质三个公理的学习，运用直观感知、推理论证探索空间图形的性质，培养学生的逻辑推理素养；用数学语言来表述点、线、面及它们的位置关系，培养学生在文字语言、图形语言与符号语言三种语言之间的转换能力．

(四)教学重难点

重点：平面的概念，平面表示法及画法，平面性质的三个公理；

难点：平面性质三个公理的符号描述及应用．

（五）教学提示

序号	教学提示
1	本单元开头给出了我国首颗火星探测器“天空一号”成功发射升空的事例，探测器模型的设计制作需要大量的立体几何知识来支撑，引出了立体几何的学科地位. 该案例可以作为主线索素材，先从点、线、面的基本元素出发，研究它们的位置关系、性质到各种计算，同时也可以融入思政素材.
2	通过学生熟悉的情境的比对，引出平面的定义. 通过西瓜皮表面与榴莲皮表面的比对，抽象出平面应该是“光滑”的；再通过西瓜皮表面与砧板面的比对，抽象出平面应该是“平坦”的；最后再通过砧板面与海平面的比对，抽象出平面应该是“无限延展”的. 从而抽象出平面的定义.
3	在教学中要着重指出，平面在空间里是可以无限延伸的. 而生活中接触的如黑板面、桌面、地面等都只是平面的一部分. 所以对初学立体几何的学生来说，往往把平面理解成有限的、有边界的. 因此在教学时，要向学生指出平面的无限延展性. 它可以把空间分成两部分.
4	在讲“通常用平行四边形表示平面”时要向学生指出：(1)所画的平行四边形表示它所在的整个平面，需要时可以把它延展出去；在后续的学习中，也可用其他平面图形如三角形、多边形、圆等封闭图形表示平面，故用“通常”两字；(2)在用平行四边形表示平面时，通常把它的锐角画成 $45°$，横边画成邻边的 2 倍，但在实际作图时，可根据不同需要来调整；画直立的平面时，要把平行四边形的一组对边画成铅垂线；用四个顶点字母表示平行四边形时，要按照顺时针或逆时针的顺序标写字母.
5	画两个相交平面时，一定要画出交线；在立体几何中，被遮住部分的线段要画成虚线或者不画. 教材第 6.1.1 节的例 2 是巩固性练习，通过在图形中找出画错的地方来强调画图中容易出现的错误.
6	公理 3 是确定平面的条件：(1)应突出“不在同一直线上”和“不共线的三点”，教材中通过观察思考自行车的脚撑的作用，来加深学生对三个点确定一个平面的认识. 教师在讲授时可以多引入生活中的例子，比如门上加一把锁就可以锁住教室门是应用了平面的什么性质. (2)“确定一个平面”包含两层意思，一是存在性，即“存在一个平面”；二是“唯一性”，即“只存在一个平面”. 故“确定一个平面”也通常说成“有且只有一个平面”.
7	本节把空间看成点集，把点看成空间的基本元素，把平面、直线看成空间的子集，并说明可以用集合的符号和语言表达它们之间的关系. 在教学时，可以尝试每一条公理都用符号表示，使学生熟悉符号，了解符号的意义，并能应用. 要提醒学生在立体几何中，线面关系的符号用 $\subset$ 和 $\not\subset$ 表示，这个符号和集合中的符号表述不同.

（六）课程思政设计

在引入立体几何的学习中，可举例：在卢赛尔体育场这座全球设计标准最高、技术最先进、国际化程度最高的世界杯主场馆中，能看到众多“中国智造”的身影在闪耀等，体现国家昌盛强大的素材案例，渗透爱国主义教育，增强学生民族自豪感.

(七)习题答案

6.1.1 平面的概念、表示和画法

随堂练习

1. 光滑、平坦，并且可以无限延伸.

2. 如图，平面 $ABCD$.

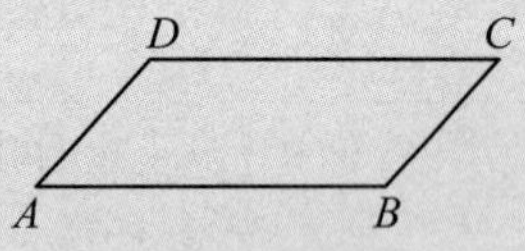

第 2 题图

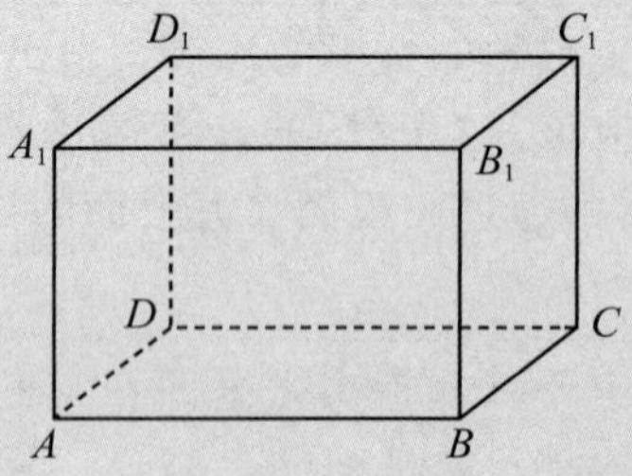

第 3 题图

3. 如图，平面 AC，平面 A_1C_1，平面 AB_1，平面 DC_1，平面 AD_1，平面 BC_1.

6.1.2 平面的基本性质

随堂练习

1. (1)×. (2)×. (3)×. (4)√.

2. (1)$A\in l$，$l\subset\alpha$，如图. (2)$\alpha\cap\beta=l$，$m\subset\alpha$，$m\cap l=O$，如图.

第 2 题图

3. 无数个；1 个或无数个.

4. 1 个或 3 个.

5. 1 个或 3 个.

习题 6.1

水平一

1. D.

2. C.

3. D.

4. 略.

5. $m\subset\alpha$，$n\not\subset\alpha$，$m\cap n=P$，$P\in\alpha$.

水平二

1. 将桌子的 4 条腿朝上放好，把两条细绳拉直分别按在对角线的两条腿的末端，如果这两条拉直的细绳相交于一点，则桌子的 4 条腿的下端就在同一个平面内.

2. 证明：

因为 $a/\!/b$，

所以 a，b 确定一个平面 α.

因为 $A\in a\subset\alpha$，$B\in b\subset\alpha$，

所以直线 $AB\subset\alpha$，即 $c\subset\alpha$.

3. 证明：设 $\triangle ABC$ 确定一个平面 β，

所以 P，Q，$R\in\beta$.

又因为 P，Q，$R\in\alpha$，

所以 P，Q，R 是平面 α 与平面 β 的公共点.

由平面的基本性质得 P，Q，R 三点在同一条直线上.

6.2　直线与直线的位置关系

(一)教学准备

1. 教师授课前，学生应储备以下知识：平面性质的三个公理及推论. 准备好作图工具，如直尺、铅笔、橡皮等.

2. 教师授课前准备正方体模型，生活中的一些实物模型，如没有开封的粉笔盒，学生吃饭的饭盒等. 一些生活中的图片，比如道路、桥梁等. 用数学软件提前绘制好正方体、长方体、四面体等立体图形，以备上课使用.

(二)教学内容

本节主要内容是空间中两直线的三种位置关系，异面直线的概念和画法，会求异面直线所成的角.

(三)教学目标

知识目标：理解空间中直线与直线的位置关系，异面直线的定义及判定方法，异面直线垂直的判定方法；了解异面直线所成的角的概念.

能力目标：会判断两条直线的位置关系，能熟练运用空间平行线的传递性来证明平行，会求异面直线的夹角，能够写出异面直线所成的角的范围.

素养目标：通过空间直线之间位置关系的学习，帮助学生建立空间观念，培养学生的直观想象素养，渗透数形结合思想，渗透由平面到空间的转换思想，培养学生观察、分析问题的能力. 通过画图、识图逐步形成空间立体观念.

(四)教学重难点

重点：平行线的基本性质，异面直线的判定；

难点：空间中图形平移的性质，异面直线所成的角的概念.

(五)教学提示

序号	教学提示
1	本节结合正方体模型，先把在平面中找平行线迁移到在正方体模型中找平行线，引出平行直线的性质. 学生通过观察思考得出空间四边形的概念. 设置思维发散，结合正方体模型，有利于学生理解和掌握. 除了模型演示，也可以结合生活中的实例，通过观察教室墙与墙的交线，加强说明平行直线的性质.

续表

序号	教学提示
2	空间中，如果两个角的两边分别对应平行且方向相同，那么这两个角相等；空间中，如果两个角的两边分别对应平行但方向相反，那么这两个角互补．可以分别作图演示说明.
3	本节结合正方体模型，通过观察发现两条直线的位置关系除平行与相交外，在空间中还存在既不相交也不平行，不同在任何一个平面内的位置关系，由此引出异面直线的概念.
4	在讲异面直线的概念时，应该注意几点：(1)“不同在任何一个平面内的两条直线”是指这两条直线不能同在任何一个平面内；(2)异面直线既然不同在任何一个平面内，那么它们既不平行也不相交，反之，空间中既不平行也不相交的两条直线一定是异面直线；(3)“分别在两个平面内”不一定是异面直线，它们可能是相交直线，也可能是平行直线，可以列举教室里的实物加以说明.
5	画两条异面直线时，应提醒学生要像教材图 6-24 那样，用平面加以衬托，使两条异面直线不共面的特点清楚地显示出来，不能在没有平面的衬托下随意地画两条直线或者把两条直线画在两个平面内，那会分不清是异面还是相交．通过画两条异面直线培养学生画图、识图能力，逐步建立空间立体观念.
6	异面直线的判断方法：过平面外一点及平面内一点的直线，与平面内不经过该点的直线是异面直线.
7	教材第 6.2.2 节的例 1 是对直线位置关系的强化，能够在正方体中找出异面直线所成的角，教材第 6.2.2 节的例 2 是巩固性练习，通过在正方体中找出异面直线所成角的过程对求异面直线所成角的步骤进行演示及强化．教材最后也给出了异面直线所成角的方法，利用平行四边形对边平移，或者利用线线平行进行平移，教师应着重强调教材中介绍的第二种方法；利用三角形的中位线平移的方法.
8	随堂练习强化了概念，巩固异面直线所成角的求法，符号转化．水平二利用找三角形中位线的方法进行平移，有一定的难度.

(六)课程思政设计

在讲解空间中两直线的位置关系时，可引入中国设计的桥梁的发展，体现国家富强、家乡繁荣、城乡建设的一些资料，渗透爱国、爱家乡的教育，让学生领略鲜活的家国发展的情况，架起数学与生活、数学与未来、数学与时代的桥梁，产生共鸣，激发情感．在讲异面直线所成的角时，根据概念引导学生总结异面直线所成角的求解过程，在证明推理过程中，培养学生严谨的科学态度，形成有条理、有逻辑的思维习惯.

(七)习题答案

6.2.1 平行直线

随堂练习

1. A. 2. D.

3. 同一直线；且只有一.

4. 相等或互补.

5. A_1B_1，CD，C_1D_1.

6.2.2　异面直线

随堂练习

1. D.　2. B.　3. 平行；相交；异面.　4. 4.

5. 因为 $AB /\!/ CD$，

所以 $\angle CDC'$ 为直线 AB 与 $C'D$ 的夹角.

因为 $CD = AB = 1$，$CC' = AA' = \sqrt{3}$，$C'D = 2$，

所以 $\cos\angle CDC' = \frac{CD}{C'D} = \frac{1}{2}$，

所以 $\angle CDC' = 60°$.

所以 AB 与 $C'D$ 所成角的大小为 $60°$.

习题 6.2

水平一

1. D.　2. D.　3. 6.　4. 略.

5. 因为 $AD \underline{/\!/} B_1C_1$，

所以四边形 AB_1C_1D 是平行四边形，

所以 $AB_1 /\!/ DC_1$.

所以 $\angle AB_1C$ 为 CB_1 与 DC_1 所成的角.

因为 $AB_1 = B_1C = AC$，

所以 $\angle AB_1C = 60°$.

所以 CB_1 与 DC_1 所成角的大小为 $60°$.

水平二

1. $(0°, 90°]$；$[0°, 90°]$.

2. 12；18；24.

3. 取 AD 的中点 E，连接 ME，NE，则 $ME /\!/ BD$，$NE /\!/ AC$，所以 $\angle MEN$ 是异面直线 BD 与 AC 所成的角或补角. 因为 $ME = 3$，$NE = 5$，在 $\triangle MEN$ 中，由余弦定理可得 $\cos\angle MEN = -\frac{1}{2}$，所以 $\angle MEN = 120°$，所以异面直线 AC 与 BD 所成的角为 $60°$.

6.3　直线与平面的位置关系

(一)教学准备

1. 教师授课前，学生应储备以下知识：空间直线的三种位置关系，平行线的传递性，异面直线的概念，通过平移的方法找异面直线所成角，并求出异面直线所成角的大小.

2. 教师授课前收集一些学生熟悉的桥梁、体育竞技项目跨栏、折叠门等涉及直线与平面位置关系的素材.

(二)教学内容

本节主要内容是直线与平面的位置关系；直线与平面平行的判定与性质；直线与平面垂直的判

定与性质；斜线和射影的定义，直线与平面所成角的概念.

(三)教学目标

知识目标：理解空间中直线与平面的位置关系，直线与平面平行、直线与平面垂直的判定定理和性质定理；了解直线与平面所成的角的概念.

能力目标：会判断直线与平面的位置关系，会证明简单的直线与平面平行、直线与平面垂直的问题，会熟练求线面角的大小，会用直线与平面平行、垂直的性质定理来证明其他结论.

素养目标：通过直线与平面位置关系的学习，建立空间观念，培养学生的直观想象素养；运用直观感知、推理论证、度量计算来证明和计算线面位置关系和线面角，培养学生的逻辑推理和数学运算素养；从身边的实例出发，体会由实际问题上升为数学概念和数学知识的过程，培养学生把空间问题转化为平面问题进行解决的思想，逐步培养学生的读图、作图的能力，培养学生的空间想象能力和逻辑思维能力.

(四)教学重难点

重点：直线与平面平行、垂直的判定定理和性质定理；直线与平面所成的角；

难点：直线与平面平行、垂直的判定定理和性质定理的理解和应用，斜线与平面所成的角.

(五)教学提示

序号	教学提示
1	教材通过我国运动员刘翔在2004年雅典奥运会跨栏比赛夺得金牌并打破了奥运会纪录的事例引导学生观察思考栏架的高度怎么调节才能确保与地面平行，引出直线与平面的位置关系有三种：直线在平面内、直线与平面相交和直线与平面平行. 这三种情况对应的直线与平面的公共点的个数分别为无数个、1个和0个.
2	要让学生清楚，与直线在平面内对立的是直线在平面外，直线在平面外的位置关系包括直线与平面相交和直线与平面平行两种情况. 特别需要强调直线与平面相交属于直线在平面外的情况.
3	要防止学生误认为“一条直线平行于一个平面，就是平行于这个平面内的所有直线”，教学时可通过观察正方体模型、教室中物体和课件的演示来纠正这个错误认识.
4	直线与平面垂直是直线与平面相交的一种特殊情况，教材从观察折叠门的门下框线和门轴线的位置关系引出直线与平面垂直的概念. 在这个概念中只有当“一条直线与一个平面内的任意直线都垂直”时，才能说“直线与平面垂直”. 因此，要反复强调，一条直线垂直于一个平面是指这条直线垂直于这个平面内的任意一条直线，而不是无数条直线.
5	斜线在平面内的射影是本节的重要概念之一，是理解直线与平面所成的角的基础. 要讲清楚这一概念，可采取“一边演示，一边讲解，一边画图”的方法，结合图形讲清楚斜线、斜足、斜线段、垂足、垂线段、斜线在平面内的射影与斜线段在平面内的射影. 要讲清楚斜线在平面内的射影与斜线段在平面内的射影的区别，前者是直线，后者是线段.
6	直线与平面相交，它们之间的相对位置可用直线与平面所成的角来刻画，直线与平面斜交，直线与平面所成的角是指直线与它在平面内的射影所成的锐角. 注意强调直线与平面所成的角的范围是$[0°, 90°]$. 要强调平面的斜线是与这个平面相交但不垂直的直线，所以斜线与平面所成的角的范围是$(0°, 90°)$.

续表

序号	教学提示
7	教材第 6.3.2 节的例 1 是判定直线与平面垂直的题目，关键是在平面内找到两条相交直线都与直线 BC 垂直．教材第 6.3.3 节的例 1 是巩固性题目，加深理解直线与平面所成的角的概念．一般来说，这类题目要先画出直线与平面所成的角，即先找到角再求解．
8	随堂练习是强化概念，以及对知识点的简单应用，习题 6.3 强化概念的同时，巩固对直线与平面垂直、平行的判定和应用等相应知识点，有一定的深度．

(六)课程思政设计

在讲解直线与平面的位置关系时，可引入雅典奥运会上刘翔顽强拼搏打破纪录夺得金牌、为国争光的运动类素材，体现了中国人在田径场上的气魄，增强学生的民族自豪感，激发学生不断努力，奋发图强，积极向上的精神．引入建造桥梁时，对斜拉索和索塔的角度设计引导学生观察探究数学问题．在这个过程中，可以渗透桥梁建造过程中的精益求精的工匠精神，鼓励大家要学习工匠精神、弘扬工匠精神．

(七)习题答案

6.3.1　直线与平面平行

随堂练习

1. D. 2. D.

3. (1)×．(2)√．(3)√．(4)√．

4. (1)平面 $A_1B_1C_1D_1$，平面 CDD_1C_1．

(2)AA_1，DD_1，A_1D_1，AD．

(3)证明：因为 $AB \underline{\underline{/\!/}} C_1D_1$，

所以四边形 ABC_1D_1 为平行四边形．

所以 $BC_1/\!/AD_1$，

又因为 $BC_1 \not\subset$ 平面 ADD_1A_1，$AD_1 \subset$ 平面 ADD_1A_1，

所以 $BC_1/\!/$平面 ADD_1A_1．

6.3.2　直线与平面垂直

随堂练习

1. A.　2. B.

3. 平面 $ABCD$，平面 $A_1B_1C_1D_1$；AA_1，BB_1，CC_1，DD_1．

4. 垂直．

5. 证明：由正方体的性质得 $BB_1 \perp$ 平面 $ABCD$，

所以 $BB_1 \perp AC$．

又因为 $BD \perp AC$ 且 $BB_1 \cap BD = B$，

所以 $AC \perp$ 平面 BB_1D_1D．

6.3.3 直线与平面所成的角

随堂练习

1. B. 2. D. 3. $\frac{\pi}{3}$. 4. $\frac{\sqrt{6}}{3}$.

5. 连接 BC_1，与 B_1C 相交于点 O.

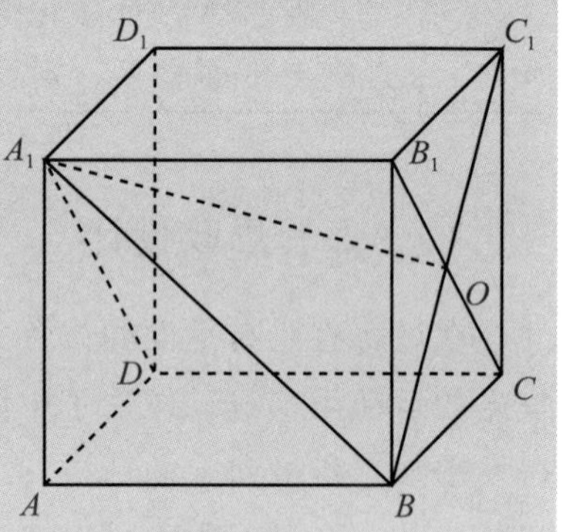

第 5 题图

因为 $A_1B_1\perp$平面 BCC_1B_1，

所以 $A_1B_1\perp BC_1$.

又因为 $B_1C\perp BC_1$，

$A_1B_1\cap B_1C=B_1$，

所以 $BC_1\perp$平面 A_1B_1CD.

所以 O 为垂足.

所以 A_1O 为 A_1B 在平面 A_1B_1CD 内的射影.

所以$\angle BA_1O$ 为 A_1B 与平面 A_1B_1CD 所成的角.

设正方体的棱长为 a，则 $A_1B=\sqrt{2}a$，$BO=\frac{\sqrt{2}}{2}a$，$A_1O=\frac{\sqrt{6}}{2}a$.

因为 $\cos\angle BA_1O=\frac{A_1O}{A_1B}=\frac{\sqrt{3}}{2}$，

所以$\angle BA_1O=30°$.

所以直线 A_1B 与平面 A_1B_1CD 所成角的大小为 30°.

习题 6.3

水平一

1. D. 2. D. 3. 45°.

4. 证明：记三角形为$\triangle ABC$，直线记为 l，已知 $l\perp AB$，$l\perp AC$，求证：$l\perp BC$.

因为 $l\perp AB$，$l\perp AC$，$AB\cap AC=A$，

所以 $l\perp$平面 ABC.

所以 $l\perp BC$.

所以这条直线和三角形的第三边垂直.

5. PA，PC，AC(提示：$BC\perp$平面 ACP).

水平二

1. 证明：

因为正方体 $ABCD\text{-}A_1B_1C_1D_1$，

所以 $BB_1\perp$平面 $ABCD$.

所以 $BB_1\perp AC$.

又因为 $BD\perp AC$ 且 $BB_1\cap BD=B$，

所以 $AC\perp$平面 BDD_1B_1.

所以 $AC\perp BD_1$.

2. 过点 P 作 $PO\perp$平面 ABC 于点 O，连接 AO 并延长交 BC 于点 D，连接 PD.

因为 OA 是 PA 在底面 ABC 上的射影，

所以 $\angle PAD$ 是 PA 与底面 ABC 所成的角.

因为由正三棱锥的性质知 O 是 $\triangle ABC$ 的中心，

所以 D 是 BC 的中点.

因为 $PA=\frac{2}{3}$，$AD=\frac{\sqrt{3}}{2}$，$PD=\frac{\sqrt{7}}{6}$，

所以 $\cos\angle PAD=\frac{PA^2+DA^2-PD^2}{2PA\times DA}=\frac{\sqrt{3}}{2}$.

所以 $\angle PAD=30°$.

所以侧棱 PA 与底面 ABC 所成角的大小为 $30°$.

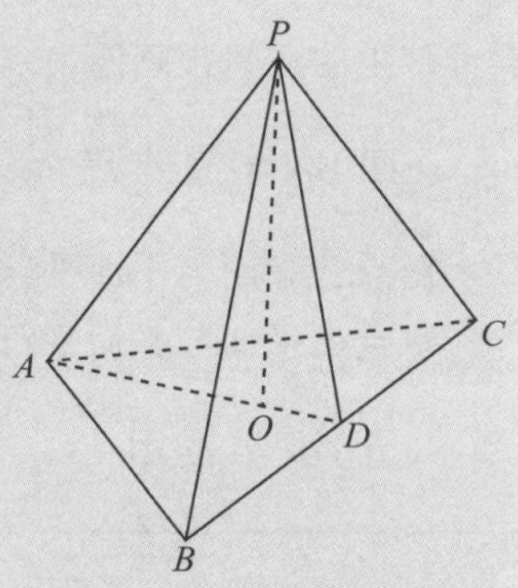

第 2 题图

3. 过点 P 作 $PO\perp$ 平面 $ABCD$ 于点 O，连接 AO.

因为 OA 是 PA 在底面 $ABCD$ 上的射影，

所以 $\angle PAO$ 是 PA 与底面 $ABCD$ 的夹角.

由正四棱锥的性质知 O 为正方形 $ABCD$ 的中心，

所以 $PA=a$，$OA=\frac{\sqrt{2}}{2}a$.

所以 $\cos\angle PAO=\frac{OA}{PA}=\frac{\sqrt{2}}{2}$.

所以 $\angle PAO=45°$.

所以侧棱与底面所成的角为 $45°$.

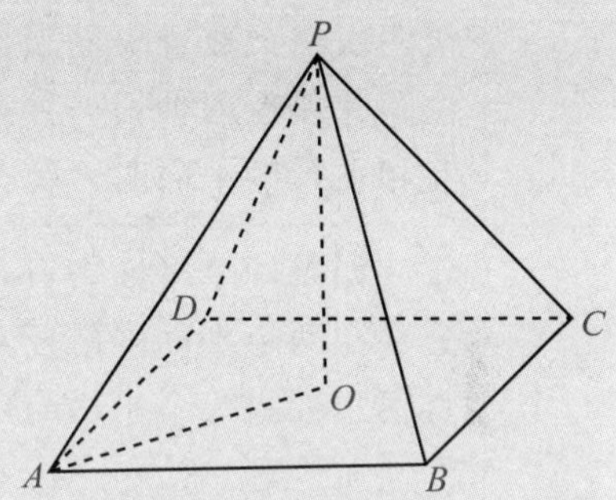

第 3 题图

6.4　平面与平面的位置关系

(一)教学准备

1. 教师授课前，学生应储备以下知识：直线与平面的位置关系，直线与平面平行、垂直的判定定理和性质定理，直线、斜线与平面所成角的概念及求法.

2. 教师授课前收集生活中学生熟悉的实物图形案例素材，例如：笔记本电脑，课本，建筑工人砌墙的视频或图片素材. 提前准备数学软件直观演示立体图形辅助教学.

(二)教学内容

本节主要内容是平面与平面的位置关系，平面与平面平行、平面与平面垂直的判定定理和性质定理，二面角及其二面角的平面角的概念.

(三)教学目标

知识目标： 理解空间中平面与平面的位置关系，平面与平面平行、平面与平面垂直的判定定理和性质定理；了解二面角及二面角的平面角的概念.

能力目标： 会判断平面与平面的位置关系，会证明简单的平面与平面平行、垂直问题，会求二面角大小，初步会用平面与平面平行、垂直的性质定理来证明其他结论.

素养目标： 通过平面与平面位置关系的学习，建立空间观念，培养学生的直观想象素养；运用直观感知、推理论证、度量计算来证明和计算平面和平面的位置关系、二面角，培养学生的逻辑推理和数学运算素养；通过直观演示，体会由实际问题中的空间图形转化成平面图形，提高学生的直

观想象能力；从学生身边的事例出发，上升为数学概念和数学知识的过程，观察思考然后得出结论，提升学生的逻辑推理能力.

(四)教学重难点

重点：平面与平面平行、垂直的判定定理及性质定理，二面角的定义；

难点：平面与平面平行、垂直的性质定理的应用，找二面角的平面角.

(五)教学提示

序号	教学提示
1	教材通过观察教室中的墙壁与地面，天花板与地面的位置关系，通过技术人员用水平仪两次交叉放置桌面来检查桌面是否水平等事例引出平面与平面的位置关系，两个平面的位置关系有两种：一种是平行，没有公共点；另一种是相交，有一条公共直线. 在画两个互相平行的平面时，要把表示两个平面的平行四边形的对应边画成平行.
2	如果两个平面平行，那么在一个平面内的任意一条直线一定与另一个平面平行；但是分别在两个平面内的任意两条直线，则不一定平行，它们可能是平行直线，也可能是异面直线. 如果一个平面与两个平行平面相交，那么所得交线一定平行，这就是两个平面平行的性质定理.
3	两个平面相交时，它们的相对位置可以用两个平面所成的角来确定，教材通过笔记本电脑打开后的两种状态引入，教师还可以从观察建筑房屋，修筑河堤等生活中的事例，加深学生对二面角的直观认识，同时通过 PPT 演示辅助理解. 二面角的概念可以与平面几何中的角的概念对比进行讲解.
4	二面角的平面角是指过二面角棱上任意一点，在二面角的两个半平面内分别作垂直于棱的射线，这两条射线所成的角. 因为这两条射线在同一个平面内，所以它是一个平面角. 要强调二面角不是“角”，它是一个图形，二面角的平面角才是一个“角”. 二面角的平面角的两边必须垂直于二面角的棱. 画二面角及它的平面角时，通常有两种形式，平卧式与直立式.
5	二面角的平面角的大小只与二面角的两个面的相对位置有关，而与平面角的顶点在棱上的位置无关. 因此，二面角的大小可以用它的平面角来度量，规定二面角的范围是 $[0, \pi]$. 另外，要向学生强调“两个平面夹角”的定义.
6	教材第 6.4.2 节的例 2 是求二面角的平面角的巩固性题目，一般来说，这类题目要先根据二面角的平面角的概念找出所求二面角的平面角，然后再求解. 两个平面互相垂直是用它们所成的角是直角来定义，即两个相交平面，如果所成的角为直角，那么就称这两个平面互相垂直.

(六)课程思政设计

以木工行业的劳动模范为案例，描述他们如何检查生产出来的课桌等产品是否达标，比如用水平仪两次交叉放置在桌面上来检查桌面是否水平，工农业生产中也有很多这样的素材，比如建筑中房屋顶、河坝等的设计，引出生产、生活中热爱劳动、辛勤工作的劳动精神，弘扬精益求精、一丝不苟的工匠精神.

(七)习题答案

6.4.1　平面与平面平行

随堂练习

1. D.　2. C.　3. 平行；相交.　4. 平行.

5. 证明

因为 $AB \underline{\parallel} C_1D_1$，

所以四边形 ABC_1D_1 为平行四边形，

所以 $AD_1 /\!/ BC_1$.

同理可得，$AB_1 /\!/ DC_1$.

又因为 $AD_1 \cap AB_1 = A$，$BC_1 \cap DC_1 = C_1$，

所以平面 $AB_1D_1 /\!/$ 平面 C_1BD.

6.4.2　二面角

随堂练习

1. C.　2. B.　3. B.　4. 30°或 150°.

5. 取 A_1C_1 的中点 O，连接 BO，B_1O.

由正方体的性质得 $BA_1 = BC_1$，$B_1A_1 = B_1C_1$，

所以 $BO \perp A_1C_1$，$B_1O \perp A_1C_1$.

又因为 $BO \subset$ 平面 BA_1C_1，$B_1O \subset$ 平面 $B_1A_1C_1$，

所以 $\angle BOB_1$ 为二面角 $B-A_1C_1-B_1$ 的平面角.

因为 $BB_1 \perp$ 平面 $A_1B_1C_1D_1$，

所以 $BB_1 \perp B_1O$.

设正方体的棱长为 a，则 $BB_1 = a$，$B_1O = \frac{\sqrt{2}}{2}a$.

所以 $\tan\angle BOB_1 = \frac{BB_1}{B_1O} = \sqrt{2}$.

所以二面角 $B-A_1C_1-B_1$ 的正切值为 $\sqrt{2}$.

6.4.3　平面与平面垂直

随堂练习

1. D.　2. D.　3. 垂线.　4. 5.

5. 取 AC 的中点 O，连接 BO，DO.

因为 $BA = BC$，$DA = DC$，

所以 $BO \perp AC$，$DO \perp AC$.

又因为 $BO \subset$ 平面 BAC，$DO \subset$ 平面 DAC，

所以 $\angle BOD$ 为二面角 $B-AC-D$ 的平面角.

因为平面角为直二面角，

所以 $\angle BOD = 90°$.

因为 $BO=DO=\frac{\sqrt{2}}{2}$，所以 $BD=1$.

习题 6.4

水平一

1. B. 2. 0 或 1. 3. 3 或 4.

4. 30°或 150°(提示：考虑二面角大小为锐角和钝角两种情况).

水平二

1. 证明：

因为 E，F，M，N 分别为 A_1B_1，A_1D_1，B_1C_1，C_1D_1 的中点，连接 B_1D_1，

所以 $EF/\!/B_1D_1$，$MN/\!/B_1D_1$.

所以 $EF/\!/MN$.

因为连接 FM，则 $FM \underline{\underline{/\!/}} AB$，

所以四边形 $ABMF$ 是平行四边形，

所以 $AF/\!/BM$.

又因为 $EF\cap AF=F$，$MN\cap BM=M$，

所以平面 $AEF/\!/$平面 $BDNM$.

2. 证明：

因为 $AB=CB$，$AD=CD$，E 为 AC 的中点，

所以 $BE\perp AC$，$DE\perp AC$.

因为 $BE\cap DE=E$，

所以 $AC\perp$平面 BDE.

因为 $AC\subset$平面 ACD，

所以平面 $BDE\perp$平面 ACD.

3. 过点 P 作 $PO\perp$平面 ABC，交平面 ABC 于点 O，连接 CO 并延长，交 AB 于点 D.

由正三棱锥的性质得 O 为$\triangle ABC$ 的中心.

所以 $CD\perp AB$ 且 D 为 AB 的中点.

因为 $PA=PB$，

所以 $PD\perp AB$.

所以$\angle PDC$ 为二面角 $P-AB-C$ 的平面角.

因为 $PC=3$，$PD=2\sqrt{2}$，$CD=\sqrt{3}$，

所以 $\cos\angle PDC=\frac{PD^2+CD^2-PC^2}{2PD\times CD}=\frac{\sqrt{6}}{12}$.

所以二面角 $P-AB-C$ 的余弦值为$\frac{\sqrt{6}}{12}$.

单元检测

水平一

1. A. 2. A. 3. C. 4. 90°. 5. 无数.

6. 取 BC 的中点 O，连接 DO.

因为 $DA \perp$ 平面 ABC，

所以 $DA \perp AB$，$DA \perp AC$.

因为 $\triangle ABC$ 是正三角形，

所以 $AB = AC = BC = 2$.

因为 $AD = 2$，

所以 $BD = CD = 2\sqrt{2}$，

所以 $DO \perp BC$.

因为 $DO = \sqrt{BD^2 - BO^2} = \sqrt{7}$.

所以点 D 到直线 BC 的距离为 $\sqrt{7}$.

7. 证明：因为 $DD_1 \perp$ 平面 $ABCD$，

所以 $DD_1 \perp AC$.

又因为 $BD \perp AC$，$DD_1 \cap BD = D$，

所以 $AC \perp$ 平面 BDD_1.

所以 $AC \perp D_1B$.

8. 证明：因为 O 是菱形 $ABCD$ 的对角线交点，

所以 O 是 AC 的中点且 $BD \perp AC$.

又因为 $MA = MC$，

所以 $MO \perp AC$.

又因为 $BD \cap MO = O$，

所以 $AC \perp$ 平面 BDM.

9.(1)证明：因为 $PA \perp$ 平面 ABC，

所以 $PA \perp BC$.

又因为 $AC \perp BC$，$PA \cap AC = A$，

所以 $BC \perp$ 平面 PAC.

所以 $BC \perp PC$.

(2)因为 $BC \perp$ 平面 PAC，

所以 CP 是 BP 在平面 PAC 内的射影.

所以 $\angle BPC$ 为 BP 与平面 PAC 所成的角.

因为 $AC = BC = 1$，$PA = \sqrt{2}$，

所以 $CP = \sqrt{3}$，$BP = 2$.

所以 $\cos\angle BPC = \dfrac{CP}{BP} = \dfrac{\sqrt{3}}{2}$.

所以 $\angle BPC = 30°$.

所以直线 BP 与平面 PAC 所成的角为 $30°$.

10.(1)过点 S 作 $SO \perp$ 平面 $ABCD$，交平面 $ABCD$ 于点 O，取 BC 的中点 E，连接 SE，OE，由正四棱锥的性质知 O 是底面 $ABCD$ 的中心.

因为 $SO = 7$，$AB = AD = 8$，

所以 $BO = 4\sqrt{2}$.

所以 $SB = \sqrt{SO^2 + BO^2} = 9$.

所以正四棱锥侧棱的长为9.

因为 $SB=SC$,

所以 $SE\perp BC$.

所以 SE 是正四棱锥的斜高,

因为 $SO=7$, $EO=4$,

所以 $SE=\sqrt{SO^2+EO^2}=\sqrt{65}$.

所以斜高的长为$\sqrt{65}$.

(2)因为 $OE\perp BC$, $SE\perp BC$,

$OE\subset$平面 $ABCD$, $SE\subset$平面 SBC,

所以$\angle SEO$ 为侧面 SBC 与底面 $ABCD$ 所成二面角的平面角.

因为 $OE=4$, $SE=\sqrt{65}$,

所以 $\cos\angle SEO=\dfrac{OE}{SE}=\dfrac{4\sqrt{65}}{65}$.

所以侧面 SBC 与底面 $ABCD$ 所成二面角的余弦值为$\dfrac{4\sqrt{65}}{65}$.

水平二

1.4. 2.60°.

3.(1)因为 PB 与 PD 相交,

所以 P, B, D 三点共面.

因为 $\alpha/\!/\beta$,

又因为 $\alpha\cap$平面 $PBD=AC$, $\beta\cap$平面 $PBD=BD$,

所以 $AC/\!/BD$.

(2)因为 $AC/\!/BD$,

所以$\dfrac{PA}{AB}=\dfrac{PC}{CD}$.

又因为 $PA=4$, $AB=5$, $PC=3$,

所以 $CD=\dfrac{15}{4}$.

所以 $PD=PC+CD=\dfrac{27}{4}$.

4. 过点 P 作 $PO\perp$平面 ABC,交平面 $ABCD$ 于 O 点,连接 AO 并延长,交 BC 于点 D,设正四面体的棱长为 a.

所以 OA 是 PA 在底面 ABC 内的射影,

所以$\angle PAD$ 是 PA 与平面 ABC 所成的角.

因为 $PA=a$, $DA=PD=\dfrac{\sqrt{3}}{2}a$,

所以 $\cos\angle PAD=\dfrac{PA^2+DA^2-PD^2}{2PA\times DA}=\dfrac{\sqrt{3}}{3}$.

所以侧棱 PA 与底面 ABC 所成的角的余弦值为$\dfrac{\sqrt{3}}{3}$.

5. 过点 B 作 $BE\perp\beta$，交 β 于点 E，过点 E 作 $EF\perp CD$ 于点 F，连接 BF.

所以 $BE\perp CD$.

又因为 $EF\perp CD$，

$BE\cap EF=E$，

所以 $CD\perp$ 平面 EFB.

所以 $CD\perp BF$.

又因为 $CD\perp EF$，

$BF\subset\alpha$，

$EF\subset\beta$，

所以 $\angle BFE$ 为二面角 $\alpha-CD-\beta$ 的平面角.

因为 AB 与 CD 所成的角为 $45°$，AB 与平面 β 所成的角为 $30°$，

所以 $\angle BAF=45°$，$\angle BAE=30°$.

所以设 $AF=a$ 时，有 $BF=a$，$AB=\sqrt{2}a$，$BE=\frac{\sqrt{2}}{2}a$，$EF=\frac{\sqrt{2}}{2}a$，

所以 $\cos\angle BFE=\frac{EF}{BF}=\frac{\sqrt{2}}{2}$，

所以 $\angle BFE=45°$.

所以二面角 $\alpha-CD-\beta$ 的大小为 $45°$.

五、教学评价建议

(一)学业质量要求

根据《课程标准》要求，本单元课程内容学业质量要求见表 6-2.

表 6-2　第六单元学业质量要求

课程内容	质量描述	
	水平一	水平二
立体几何	在熟悉的单一情境中： 1. 能体会平面概念和平面基本性质的抽象过程，会判断点、线、面间的位置关系； 2. 在长方体中会用自然语言、符号语言、图形语言描述直线与直线的位置关系；知道两条异面直线所成角的定义，会判断两条异面直线是否垂直； 3. 在长方体中会用自然语言、符号语言、图形语言描述直线与平面的位置关系；知道直线与平面所成角的定义； 4. 在长方体中会用自然语言、符号语言、图形语言描述平面与平面的位置关系；知道二面角及二面角的平面角的定义	在熟悉的关联情境中： 1. 达到水平的 1～4； 2. 会在简单几何体中判断两条直线是否异面，是否垂直； 3. 在简单几何体中，会用直线与平面平行、垂直的判定定理进行推理和证明； 4. 在简单几何体中，会用平面与平面平行、垂直的判定定理进行推理和证明

(二)参考例题与说明

例 1 下列四个条件中，能确定一个平面的是(　　).

A. 空间任意三点　　　　B. 空间两条直线

C. 一个点和一条直线　　D. 平行四边形的四条边

解 选 D.

说明：本例题为单一情境下确定平面的条件，主要考查学生的逻辑推理的学科素养，属于学业水平一的要求.

例 2 在正方体 $ABCD\text{-}A_1B_1C_1D_1$ 中，求异面直线 A_1B 与 AC 所成的角.

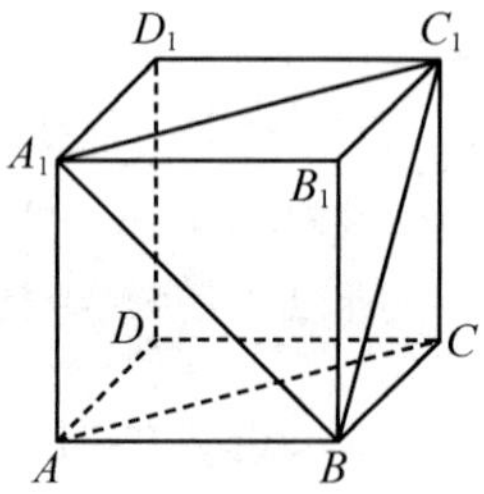

图 6-2

解 如图 6-2 所示，连接 A_1C_1. 因为 $AC /\!/ A_1C_1$，所以 $\angle BA_1C_1$ 为异面直线 A_1B 与 AC 所成的角. 如图，连接 BC_1，则 $\triangle BA_1C_1$ 为等边三角形，所以 $\angle BA_1C_1=60^\circ$，即异面直线 A_1B 与 AC 所成角的度数为 60°.

说明：本例题为单一情境下求异面直线所成的角，主要考查学生的逻辑推理的学科素养，属于学业水平一的要求.

例 3 如图 6-3 所示，在长方体 $ABCD\text{-}A_1B_1C_1D_1$ 中，$AB=BC=1$，$AA_1=\sqrt{6}$，求直线 A_1C 与平面 $ABCD$ 所成的角的余弦值.

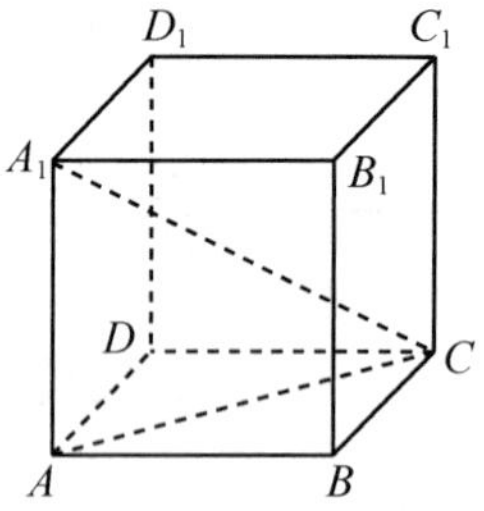

图 6-3

解 如图，连接 AC. 因为 $AA_1\perp$平面 $ABCD$，所以直线 AC 是直线 A_1C 在平面 $ABCD$ 内的射影，即$\angle A_1CA$ 是直线 A_1C 与平面 $ABCD$ 所成的角. 因为 $AB=BC=1$，所以 $AC=\sqrt{2}$. 又因为 $AA_1=\sqrt{6}$，所以 $\cos\angle A_1CA=\dfrac{\sqrt{2}}{2\sqrt{2}}=\dfrac{1}{2}$. 所以直线 A_1C 与平面 $ABCD$ 所成的角的余弦值为$\dfrac{1}{2}$.

说明：本例题为单一情境下求直线与平面所成的角，主要考查学生的逻辑推理的学科素养，属于学业水平一的要求.

例 4 如图 6-4 所示，在四棱锥 $P\text{-}ABCD$ 中，底面 $ABCD$ 是正方形，$PA\perp$平面 $ABCD$. 若 $PA=AB=1$，求二面角 $P-BD-A$ 的平面角的余弦值.

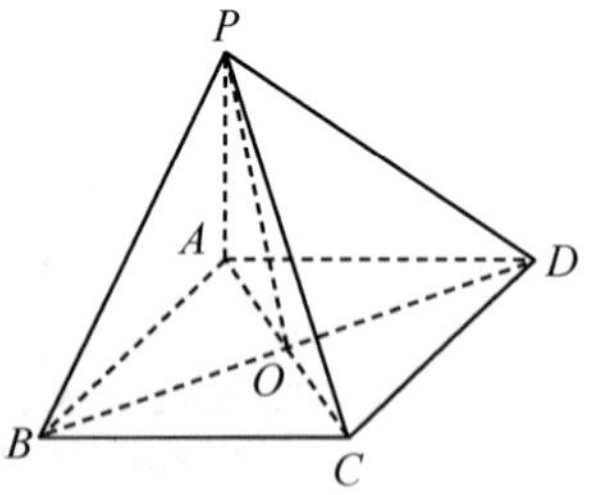

图 6-4

解 如图，连接 AC，交 BD 于点 O，连接 PO. 因为底面 $ABCD$ 是正方形，所以 $AC\perp BD$. 又因为 $PA\perp$平面 $ABCD$，所以 $PO\perp BD$，则$\angle POA$ 是二面角 $P-BD-A$ 的平面角. 又 $AB=1$，所以 $AC=\sqrt{2}$，$AO=\dfrac{\sqrt{2}}{2}$. 又 $PA=1$，所以 $PO=\dfrac{\sqrt{6}}{2}$，则 $\cos\angle POA=\dfrac{AO}{PO}=\dfrac{\sqrt{3}}{3}$. 所以二面角 $P-BD-A$ 的平面角的余弦值为$\dfrac{\sqrt{3}}{3}$.

说明：本例题为关联情境下求二面角的平面角、直线与平面垂直的性质定理，主要考查学生的逻辑推理的学科素养，属于学业水平二的要求.

六、教学资源拓展

(一)教学案例

1. 授课题目：平面的基本性质

2. 授课班级：高二年级某班

3. 内容分析

本节是北师大社版“十四五”职业教育国家规划教材《数学(拓展模块一上册)》第六单元第一节“平面的基本性质”第二课时的教学内容．本节内容确定平面是将空间图形问题转化为平面图形问题来解决的重要条件，我们在研究空间图形的时候，往往是将有关点、线归结到一个平面内，再利用平面图形的性质来解决，而公理 1 则可以看成是平面的特征性质．所以本节内容是衔接初中平面几何到中职立体几何的重要内容，可以培养学生的空间想象能力．同时教会学生正确用符号语言和图形语言来表示文字语言，培养学生在文字、图形与符号三种语言之间的转化能力．

4. 学情分析

知识与技能基础：学生已经学习了平面无限延伸的概念，表示方法和画法，对立体几何有了初步的认识，并且有初中所学的平面几何的基本知识作为铺垫，可以对立体几何有进一步的学习．

认知与实践基础：学生对立体几何学习的困难是很难把空间中的多面体转化到平面几何进行求解．同时平面几何知识比较薄弱，遗忘比较快，需要经常复习回顾．

学习特点：学生空间想象能力较弱，对立体几何有畏难情绪，害怕画图．但是日常生活中，对实物模型如教室、桌面等辅助演示，会使学生能更好地理解立体几何模型．

5. 教学目标

(1)**知识目标**：理解平面性质的三个公理；了解点、线、面关系的符号表示．

(2)**能力目标**：会用三个公理来证明共线、共面问题，会用数学符号表示点、线、面以及它们之间的关系．

(3)**素养目标**：通过三个公理的学习，运用直观感知、推理论证探索空间图形的性质，培养学生的逻辑推理素养；用数学语言来表述空间点、线、面及它们的位置关系，培养学生在文字语言、图形语言与符号语言三种语言之间的转换能力．

6. 教学重难点

重点：平面性质的三个公理；

难点：平面性质的三个公理和推论的应用．

7. 教法学法

教学方法：启发式教学，实物模型演示法．

学习方法：观察类比、自主探索法．

8. 教学资源

教学资源有多媒体一体机、互动学习平台、微课等．

9. 教学过程

<table>
<tr><th colspan="2">教学环节</th><th>教学内容</th><th>师生活动</th><th>设计意图</th></tr>
<tr><td colspan="2">课前准备
自主学习</td><td>(1)复习平面的概念，画出一个平面，并用字母表示；(2)预习并完成任务单<table><tr><th>位置关系</th><th>符号表示</th></tr><tr><td>点 P 在直线 AB 上</td><td></td></tr><tr><td>点 C 不在直线 AB 上</td><td></td></tr><tr><td>点 M 在平面 AC 内</td><td></td></tr><tr><td>点 A'不在平面 AC 内</td><td></td></tr><tr><td>直线 AB 在平面 AC 内</td><td></td></tr><tr><td>直线 AA'不在平面 AC 内</td><td></td></tr></table></td><td>教师：发布预习微课视频；检查学生画的平面作业并点评，订正修改后二次上传</td><td>检查知识储备，培养自主学习习惯</td></tr>
<tr><td rowspan="3">课中</td><td>一、情境导入(4 分钟)</td><td>＊创设情境　兴趣导入
(1)观察：在铅球比赛中，裁判员用皮卷尺测量比赛成绩，如在测量时将卷尺拉得不够紧，测量的误差就比较大. 那么如何测量才能较为准确地反映实际成绩呢？
(2)实验：把一根铅笔平放在桌面上，发现铅笔的一边就紧贴在桌面上. 也就是铅笔紧贴桌面，则铅笔上的所有的点都在桌面
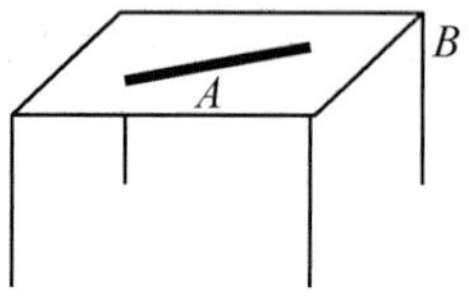</td><td>教师：播放铅球比赛中裁判测量成绩的视频.
学生：看视频并思考问题.
学生：动手操作实验，拿出铅笔放在桌面上观察</td><td>从学生身边的生活经验出发，先提出问题，引发学生思考，让学生动手操作，发现某些规律特性，最后抽象出公理</td></tr>
<tr><td>二、探索新知(6 分钟)</td><td>【新知识】1
直线与平面都可以看作点的集合.
平面内有无数个点，平面可以看成点的集合. 点在平面内和点在平面外都可以用元素与集合的属于、不属于来表示.
点 A，B 在直线 l 上，记作 $A\in l$，$B\in l$；点 A，B 在平面 α 内，记作 $A\in\alpha$，$B\in\alpha$. 如图，直线 AB 在平面 α 内，可记作 $AB\subset\alpha$
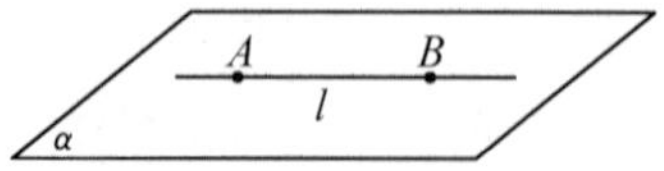</td><td>教师和学生一起复习集合的知识，元素和集合是什么关系，用集合的符号表示点、线、面的位置关系</td><td>学生体会三种语言的联系和转换</td></tr>
<tr><td>三、巩固练习(4 分钟)</td><td>练习 1　根据新课内容，订正预习单的表格，并互相检查<table><tr><th>位置关系</th><th>符号表示</th></tr><tr><td>点 P 在直线 AB 上</td><td>$P\in AB$</td></tr><tr><td>点 C 不在直线 AB 上</td><td>$C\notin AB$</td></tr><tr><td>点 M 在平面 AC 内</td><td>$M\in$ 平面 AC</td></tr><tr><td>点 A'不在平面 AC 内</td><td>$A'\notin$ 平面 AC</td></tr><tr><td>直线 AB 在平面 AC 内</td><td>$AB\subset$ 平面 AC</td></tr><tr><td>直线 AA'不在平面 AC 内</td><td>$AA'\not\subset$ 平面 AC</td></tr></table></td><td>教师：布置任务.
学生：小组合作互助探学、完成练习.
教师：展示学生完成情况</td><td>巩固用集合符号表示点、线、面的位置关系，巩固图形语言、符号语言、文字语言之间的转化. 通过小组合作形式，深化学生团队合作意识</td></tr>
</table>

续表

教学环节		教学内容	师生活动	设计意图
课中	四、探索新知(10分钟)	观察思考2： 观察教室里墙角上的一个点，它是相邻两个墙面的公共点，可以发现，除这个点外两个墙面还有其他的公共点，并且这些公共点的集合就是这两个墙面的交线. 【新知识】2 由上述观察和大量类似的事实中，归纳出结论. 公理1：如果一条直线上的两个点在同一平面内，那么这条直线在此平面内. 公理2：如果不重合的两个平面有一个公共点，那么它们有且只有一条过该点的公共直线 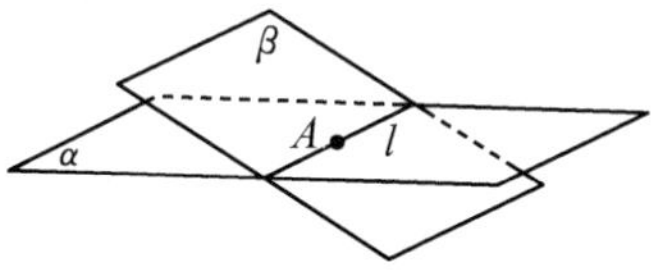 此时称这两个平面相交，并把所有公共点组成的直线 l 叫作两个平面的交线. 平面 α 与平面 β 相交，交线为 l，记作 $\alpha\cap\beta=l$. 【说明】 本单元中的两个平面是指不重合的两个平面，两条直线是指不重合的两条直线. 画两个平面相交的图形时，一定要画出它们的交线. 图形中被遮住部分的线段，要画成虚线，如图(1)，或者不画，如图(2). 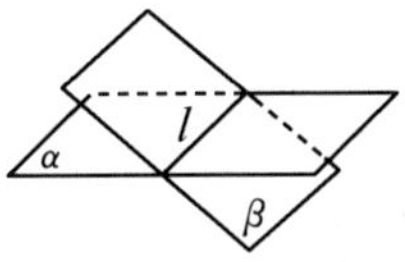 图(1) 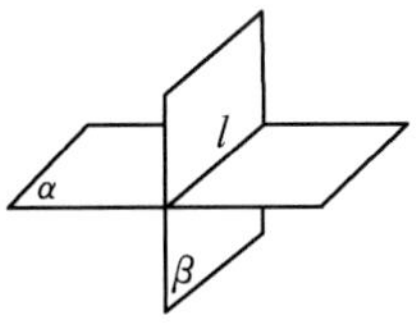 图(2) 【试一试】请依照上述图形，画出两个相交的平面，并标注字母	教师：引导学生观察思考，讲解公理1和公理2，指导学生画两个相交平面. 学生：任意画两个相交平面. 教师：重点强调：(1)两个平面相交，要画出交线；(2)看不见的线画成虚线，可以通过把看不见的线画成实线让学生观察立体效果对比	教师结合生活经验启发学生观察总结得出公理. 在这个过程中，逐步培养学生空间想象能力、逻辑推理能力
		观察思考3： 观察自行车的结构，自行车的后轮胎附近设置了一个脚撑，这个脚撑的作用是什么？ 【新知识】3 由上述实验和大量类似的事实中，归纳出结论. 公理3：经过不在同一条直线上的三个点，有且只有一个平面，如图.	学生：观察思考，回答问题. 教师：让学生找出生活中除了自行车、门等其他类似的现象. 教师：强调存在性和唯一性. 学生：在教师的引导下，理解三个推论. 教师：结合学生身边的现象和事例，逐一解释三个推论.	学生体验，生活中处处存在数学知识. 增加学习兴趣. 结合图形，深化对公理3和三个推论的理解. 通过生活中的问题加深学生对公理3的理解

续表

教学环节		教学内容	师生活动	设计意图
课中	四、探索新知(10 分钟)	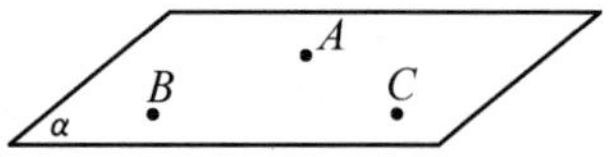 【说明】“确定一个平面”指的是“存在着一个平面，并且只存在着一个平面”. 利用三脚架可以将照相机放稳，如图，就是性质 3 的应用.  根据上述公理，可以得出下面的**三个推论.** 1. 经过一条直线和直线外一点，有且只有一个平面. 2. 经过两条相交直线，有且只有一个平面. 3. 经过两条平行直线，有且只有一个平面	教师：木匠用两根细绳分别沿桌子四条腿底端的对角线拉直，以判断桌子四条腿的底端是否在同一平面内，其依据是什么	
	五、典型例题(6 分钟)	**典型例题** **例 1** 在正方体 $ABCD-A_1B_1C_1D_1$ 中画出面 DA_1C_1 与面 DB_1D_1 的交线. **提示：**先画出平面，看不到的部分用虚线表示. 找到两个平面的两个公共点，最后连接过这两个点的直线就是交线 例 2 用集合的语言表示公理 1 及公理 2	教师：提问引导，边演示边讲解. 学生：认真听例 1 的讲解，自主完成例 2. 教师：巡视、指导、归纳	教师通过讲解示范，可以降低学生的学习难度，也可以启发学生学习首先从模仿开始
	六、强化练习(6 分钟)	巩固练习 练习 2 用集合的语言表示，并画出图形： (1)直线 a 在平面 $ABCD$ 内； (2)点 P 在平面 $ABCD$ 内； (3)点 Q 不在平面 $ABCD$ 内； (4)直线 m 过点 A； (5)根据公理 1 画出图形，并用集合表示. 公理 1 可表示为：如果 $A\in\alpha$，$B\in\alpha$，那么直线 $AB\subset\alpha$. 利用这个性质，可以判断一条直线是否在一个平面内	学生：在学案上完成练习，学生代表上讲台完成. 教师：巡视指导，发现问题及时指导，对演示的同学进行点评	学生独立思考问题，努力解决问题，培养学生分析问题、解决问题的能力
	七、梳理总结(4 分钟)	课堂小结 1. 集体回顾点、线、面用集合语言怎么描述； 2. 结合教室实物模型回顾平面性质的三个公理及推论； 3. 个人小结：应会的知识、已会的知识、不会的知识； 4. 我的体会	教师：引导学生回忆本节课的内容. 学生：梳理本课应会、已会、不会的知识点，形成学习过程框架图	在小结环节，让学生谈本节课的体会，可以培养学生的表达能力，也让教师了解课堂教学目标达成情况

续表

教学环节		教学内容	师生活动	设计意图
课中	作业布置	布置作业 必做：《数学(拓展模块一上册)学习指导与能力训练》基础训练 选做：《数学(拓展模块一上册)学习指导与能力训练》提高训练	学生根据自身水平完成作业	分层作业设计可以让每一位学生收获不同层次的作业成就感，激发他们学习自信心
课后拓展		1. 寻找生活中的事例，用平面的性质解释. 2. 空间四边形 $ABCD$(A，B，C，D 不在同一平面上)，E，F，G，H 分别是 AB，BC，CD，DA 上的点，且 EH 与 FG 交于点 O，求证：B，D，O 三点共线 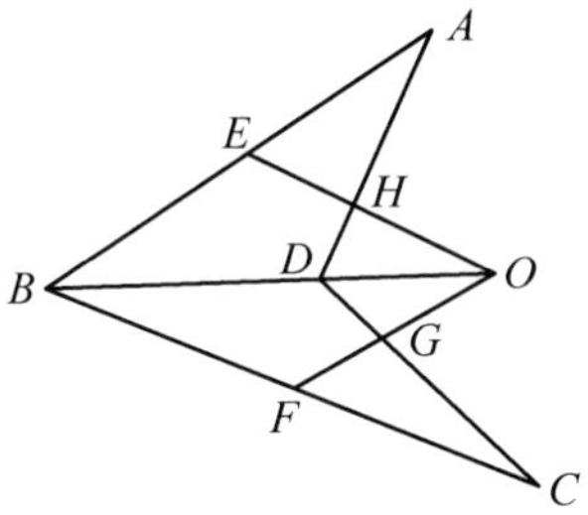	结合已学的内容，学有余力的同学思考此问题	拓展延伸，数学思维

10. 教学反思

因为是在立体几何基础概念第二课时，学生对于立体图形空间想象能力还比较弱，所以本节课教学思路是引导学生结合生活实际，观察身边的物体模型等，对立体图形进行初步的认识，直观感知，逐步形成空间想象能力，通过模型引导学生总结出平面性的三个公理，逐步理解其内在的思想，同时教会学生能用图形语言和符号语言表示文字语言，通过穿插有针对性的练习，引导学生边学边练，及时巩固. 每一个公理的得出都是结合生活实物模型，所以相对降低了知识理解的难度.

(二)文献资源参考

[1]葛丽婷，郭玉峰，郎春雨. 近十年高考立体几何试题直观想象素养考查研究：表现及趋势[J]. 数学通报，2021，60(11)：41-49.

[2]章建跃. 在一般观念引领下探索空间几何图形的性质——“立体几何初步”内容分析与教学思考[J]. 数学通报，2021，60(02)：11-15＋48.

[3]章建跃. 在一般观念引领下探索空间几何图形的性质(续)——“立体几何初步”内容分析与教学思考[J]. 数学通报，2021，60(03)：2-7＋21.

[4]李健. 直观把握数学本质 动态提升思维品质——从教材中一个立体几何问题例谈变式教学[J]. 数学通报，2019，58(10)：55-58.

[5]李海东. 基于核心素养的“立体几何初步”教材设计与教学思考[J]. 数学教育学报，2019，28(01)：8-11.

[6]沈中宇，汪晓勤. 平面概念与公理的历史发展[J]. 数学通报，2018，57(02)：6-11.

[7]章建跃. 核心素养统领下的立体几何教材变革[J]. 数学通报，2017，56(11)：1-6＋18.

[8]章建跃. 核心素养统领下的立体几何教材变革(续)[J]. 数学通报，2017，56(12)：1-3＋20.

[9]白改平，韩龙淑，褚海峰. 基于数学任务框架的“立体几何”课堂教学的个案分析[J]. 数学

通报，2017，56(08)：31-34＋41.

[10]陈德燕．数学核心素养理念下的立体几何教学——以“直线与平面垂直的性质”为例[J]．数学通报，2017，56(02)：36-38＋44.

[11]胡云飞．基于提升直观想象素养的立体几何法则课的设计与反思——以《直线与平面垂直》为例[J]．数学通报，2016，55(12)：24-26＋31.

[12]袁智斌．化解学生立体几何认知困难的几点教学策略[J]．数学通报，2015，54(06)：19-25.

[13]偶伟国．立体几何教学 如何凸现逻辑连贯[J]．数学通报，2014，53(02)：17-20.

[14]熊萍．谈智能教育软件《数学实验室——立体几何》[J]．数学教育学报，1999(02)：26-29.

[15]熊萍．“教师、学生、计算机”三元教学理论——谈智能教育软件《数学实验室——立体几何》(续)[J]．数学教育学报，1999(03)：0-4.

[16]中华人民共和国教育部．中等职业学校数学课程标准(2020年版)[M]．北京：高等教育出版社，2020.

(三)职教高考真题展示

1.(2019浙江)已知两直线 l_1，l_2 分别平行于平面 β，则两直线 l_1，l_2 的位置关系为(　　).

A. 平行　　B. 相交　　C. 异面　　D. 以上情况都有可能

2.(2020浙江)下列叙述中，错误的是(　　).

A. 平行于同一个平面的两条直线平行　　B. 平行于同一条直线的两条直线平行

C. 垂直于同一条直线的两个平面平行　　D. 垂直于同一个平面的两条直线平行

3.(2022浙江)在正方体 $ABCD-A_1B_1C_1D_1$ 中，异面直线 BD_1 和 CD 所成的角的正弦值为(　　).

A. 1　　B. $\frac{\sqrt{2}}{2}$　　C. $\frac{\sqrt{3}}{3}$　　D. $\frac{\sqrt{6}}{3}$

4.(2017浙江)已知圆锥底面半径为4，侧面积为60，则母线长为(　　).

A. $\frac{15}{2}$　　B. 15　　C. $\frac{15}{2\pi}$　　D. $\frac{15}{\pi}$

5.(2021浙江)已知 l 是直线，α，β 是两个不同的平面，下列命题正确的是(　　).

A. 若 $\alpha/\!/\beta$，$l/\!/\alpha$，则 $l/\!/\beta$　　B. 若 $\alpha\perp\beta$，$l\perp\alpha$，则 $l/\!/\beta$

C. 若 $l\perp\alpha$，$l\perp\beta$，则 $\alpha/\!/\beta$　　D. 若 $l/\!/\alpha$，$l/\!/\beta$，则 $\alpha/\!/\beta$

6.(2019浙江)圆柱的轴截面是边长为3的正方形，则圆柱的体积等于________.

7.(2021浙江)直角边长为1的等腰直角三角形，以斜边为旋转轴，旋转一周所得几何体的体积为________.

8.(2020浙江)如图，某几何体由正四棱锥和正方体构成，正四棱锥的侧棱长为 $\frac{\sqrt{3}}{2}$，正方体的棱长为1，则 $PB=$________.

9.(2018浙江)如图，相传这个图形表达了古希腊数学家阿基米德最引为自豪的发现：圆柱内切一个球，球的直径与圆柱的高相等，则圆柱的体积与球的体积之比等于圆柱的全面积与球的表面积之比，这个比值为________.

10.(2022浙江)一个玻璃容器盛有一部分水，在内部形状是底面半径为6 cm的圆柱，将一个实心玻璃球放入该容器中，球完全沉没在水里，此时玻璃容器中的水位上升了1 cm(水没有外溢)，则球的半径为________ cm.

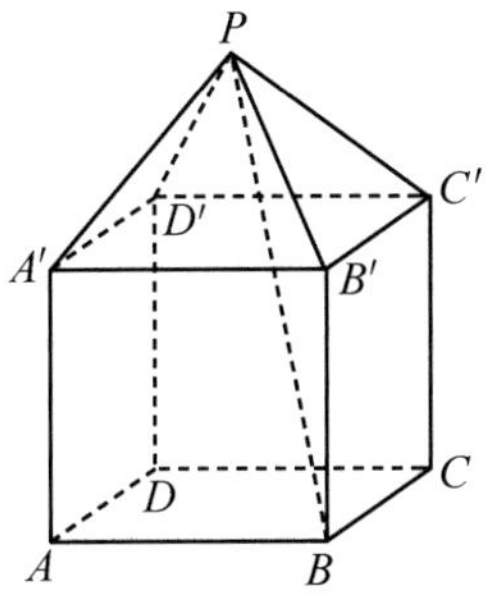

第 8 题图

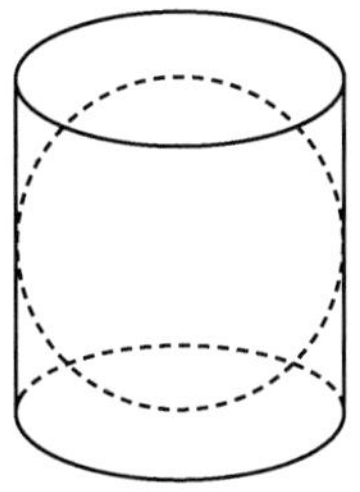
第 9 题图

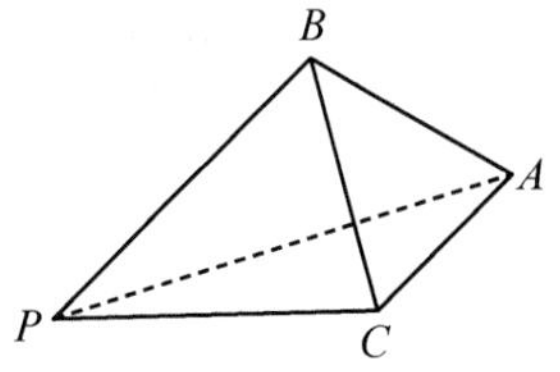

第 11 题图

11. (2017 浙江)如图，$PC\perp$平面 ABC，$AC=BC=2$，$PC=\sqrt{3}$，$\angle BCA=120°$.

(1)求二面角 $P-AB-C$ 的大小；

(2)求三棱锥 $P-ABC$ 的体积.

12. (2018 浙江)如图，圆锥 SO 的母线 $SA=SC=\sqrt{13}$ cm，底面半径为 2 cm，$\triangle OAC$ 为正三角形，求：

(1)圆锥 SO 的侧面积与体积；

(2)二面角 $S-AC-O$ 的大小.

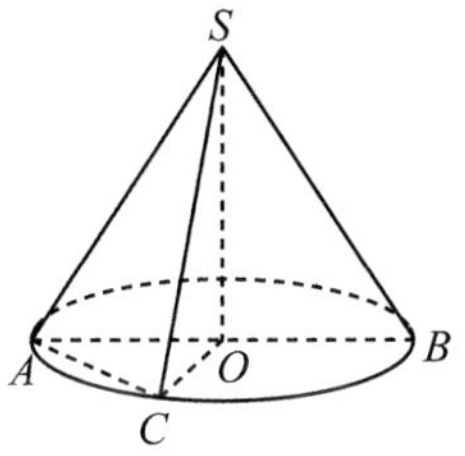

第 12 题图

13. (2019 浙江)如图，正三棱锥 $P-ABC$ 的侧棱长为 $2\sqrt{3}$，底面边长为 4.

(1)求正三棱锥 $P-ABC$ 的全面积；

(2)线段 PA，AB，AC 的中点分别为 D，E，F，求二面角 D-EF-A 的余弦值.

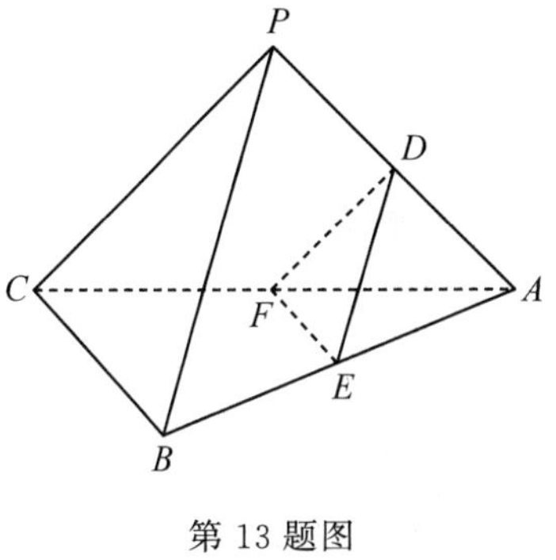

第 13 题图

14.(2020 浙江)如图，正方体 $ABCD-A'B'C'D'$ 的棱长为 6，点 M 在棱 DD' 上，且 $D'M=\frac{1}{2}MD$. 连接 MB，MA'，MB'，MC'，$A'C'$.

(1)求直线 BM 与平面 $ABCD$ 所成角的正切值；

(2)求三棱锥 $M-A'B'C'$ 的体积.

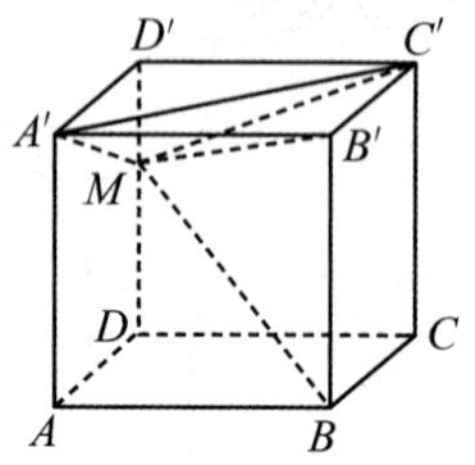

第 14 题图

15.(2021 浙江)正四棱柱 $ABCD-A_1B_1C_1D_1$，$AB=1$，$AA_1=2$.

(1)求二面角 A_1-DC-A 的平面角的正切值；

(2)求四棱锥 $A_1-BCC_1B_1$ 的体积.

16.(2022 浙江)如图(a)，在棱长为 1 的正方体 $ABCD-A_1B_1C_1D_1$ 中，分别沿相邻三个面的对角线截去三个三棱锥 $A_1-AB_1D_1$，$B-ACB_1$ 和 $C_1-CD_1B_1$，得到如图(2)所示的几何体，求：

(1)图(b)所示的几何体的体积 V；

(2)二面角 D_1-AC-D 的平面角的余弦值.

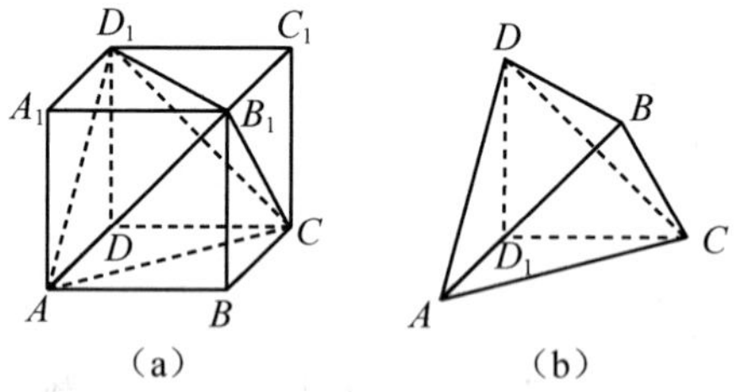

第 16 题图

参考答案

1. D. 2. A. 3. D. 4. D. 5. C

6. $\frac{27}{4}\pi$.

7. $\frac{\sqrt{2}}{6}\pi$.

8. $\frac{\sqrt{11}}{2}$.

9. 3∶2.

10. 3.

11. (1)取 AB 中点 D，连接 PD，CD，因为 $AC=BC$，D 为中点，所以 $CD\perp AB$；又 $PC\perp$ 平面 ABC，所以 $PC\perp AB$；所以 $\angle CDP$ 为二面角 $P-AB-C$ 的平面角，$\triangle ABC$ 中，可得 $CD=1$，$\tan\angle PDC=\frac{\sqrt{3}}{1}=\sqrt{3}$，所以 $\angle PDC=60°$，二面角 $P-AB-C$ 的平面角的大小为 $60°$.

(2)$V_{P\text{-}ABC}=\frac{1}{3}S_{\triangle ABC}\cdot PC=1$.

12. (1)因为 SO 是高，所以 $SO\perp OA$，所以 $SO=3$，则 $S_{侧面积}=\pi\cdot r\cdot l=2\sqrt{13}\pi\ \mathrm{cm}^2$

$V_{侧面积}=\frac{1}{3}\pi r^2\cdot h=4\pi\ \mathrm{cm}^3$.

(2)取 AC 中点 M，连接 OM、SM，因为 $\triangle OAC$ 为正三角形，所以 $OM\perp AC$，又 $SA=SC$，所以 $SM\perp AC$，所以 $\angle SMO$ 为二面角 $S-AC-O$ 的平面角，$MO=\sqrt{3}$，$\tan\angle SMO=\frac{3}{\sqrt{3}}=\sqrt{3}$，所以 $\angle SMO=60°$，二面角 $S-AC-O$ 的平面角的大小为 $60°$.

13. (1)由已知得 $S_{底}=\frac{1}{2}\times4\times4\times\sin 60°=4\sqrt{3}$，取 BC 的中点为 G，连接 PG，则斜高 $PG=2\sqrt{2}$，$S_{侧}=3\times\frac{1}{2}\times4\times2\sqrt{2}=12\sqrt{2}$，所以 $S_{全}=12\sqrt{2}+4\sqrt{3}$.

(2)取 EF 中点为 M，连接 DM，AM，因为 D，E，F 是中点，所以 $DE=DF=\frac{1}{2}\mathrm{PB}=\sqrt{3}$ ，则 $DM\perp EF$；又 $AE=AF$，$AM\perp EF$，所以 $\angle DMA$ 为二面角 $D-EF-A$ 的平面角，$\triangle DMA$ 中，$DM=\sqrt{2}$，$AM=\sqrt{3}$，$AD=\sqrt{3}$，由余弦定理得 $\cos\angle DMA=\frac{\sqrt{6}}{6}$.

14. (1)连接 BD，因为 $MD\perp$ 平面 $ABCD$，所以 $\angle MBD$ 为直线 BM 与平面 $ABCD$ 所成的角，在 $\mathrm{Rt}\triangle MBD$ 中，$MD=4$，$BD=6\sqrt{2}$，$\tan\angle MBD=\frac{4}{6\sqrt{2}}=\frac{\sqrt{2}}{3}$.

(2)$V_{M-A'B'C'}=\frac{1}{3}S_{\triangle A'B'C'}\cdot MD'=12$.

15. (1)在四棱柱中，因为 $CD\perp$ 平面 ADD_1A_1，$CD\perp DA_1$，又 $CD\perp DA$，所以 $\angle A_1DA$ 为二面角 A_1-DC-A 的平面角，在 $\mathrm{Rt}\triangle A_1DA$ 中，$\tan\angle A_1DA=2$.

(2)$V_{A_1-BCC_1B_1}=\frac{1}{3}S_{四边形BCC_1B_1}\cdot A_1B_1=\frac{2}{3}$.

16. (1)$V_{正方体}=1$，$V_{A_1-AB_1D_1}=V_{B-ACB_1}=V_{C_1-CB_1D_1}=\frac{1}{6}$，所以，所求的几何体的体积为 $V=1-3\times\frac{1}{6}=\frac{1}{2}$.

(2)取 AC 中点 E，连接 D_1E，DE，则 $D_1E\perp AC$，$DE\perp AC$，所以 $\angle D_1ED$ 为二面角 D_1-AC-D 的平面角，在 $\mathrm{Rt}\triangle D_1ED$ 中，$ED=\frac{\sqrt{2}}{2}$，$D_1E=\frac{\sqrt{6}}{2}$，$\cos\angle D_1ED=\frac{\sqrt{3}}{3}$，即为二面角 D_1-AC-D 的平面角的余弦值为 $\frac{\sqrt{3}}{3}$.